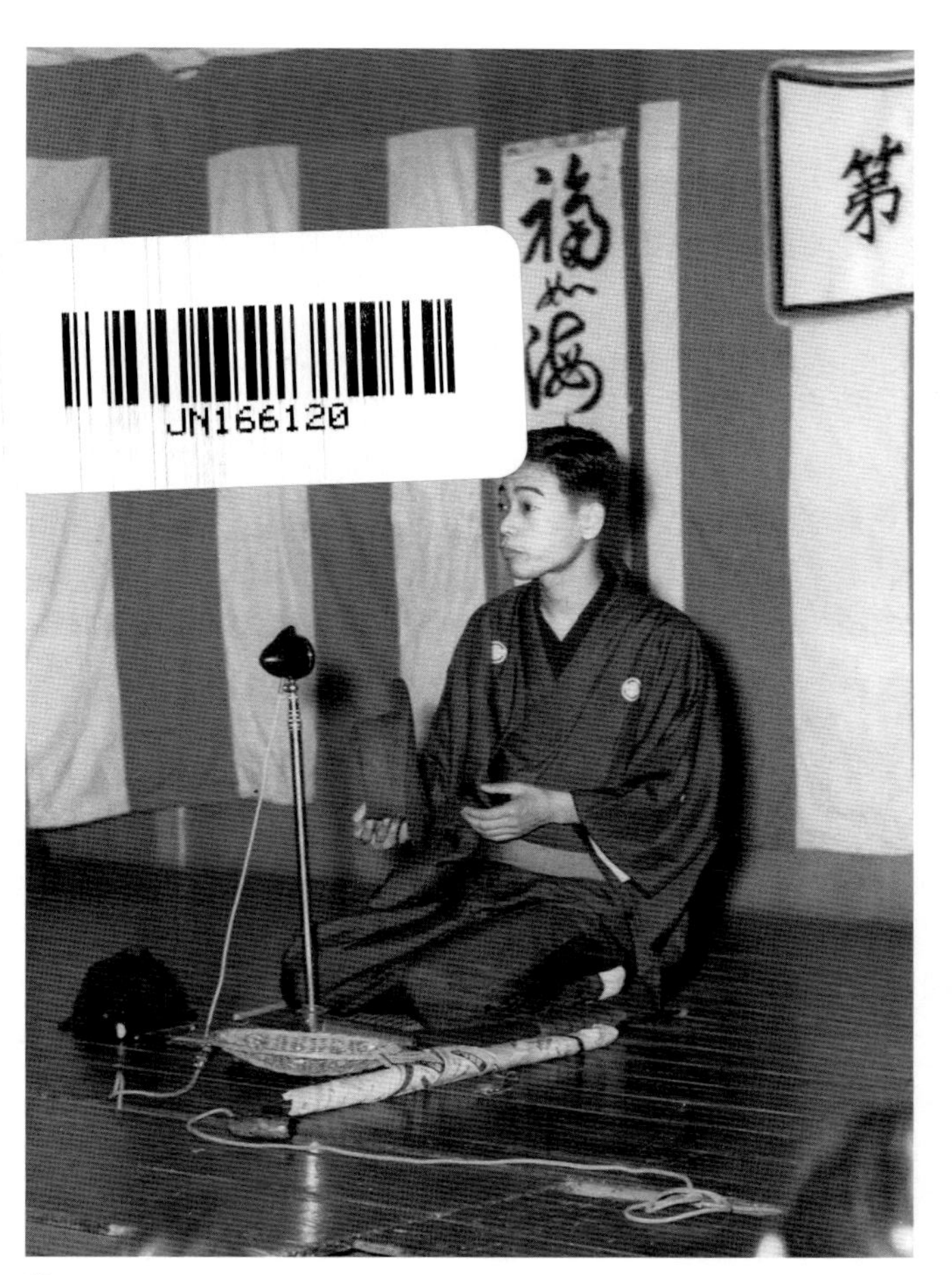

①

②
③

④

⑤

⑥

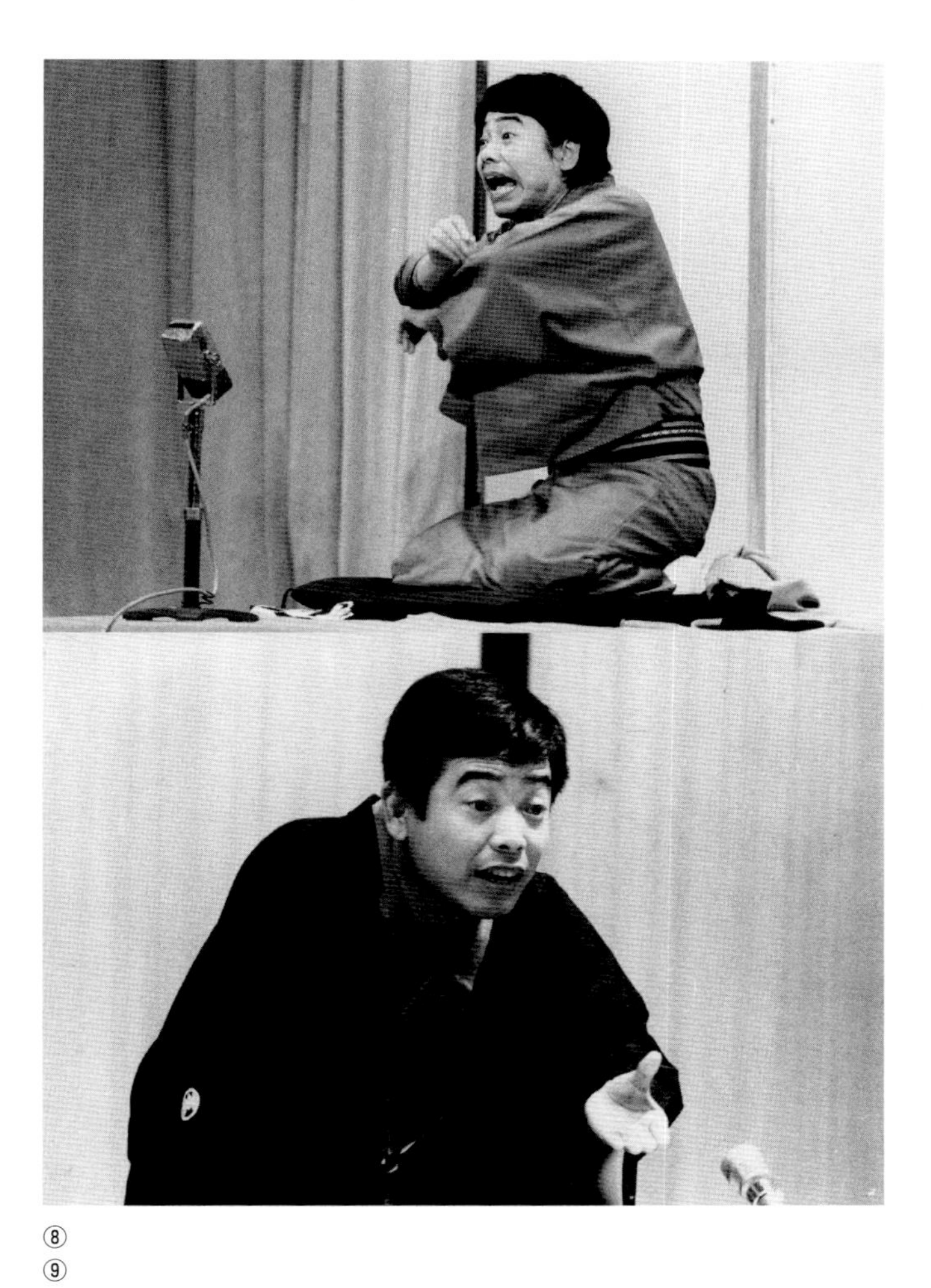

⑧

⑨

⑩

⑪

⑬

⑯

⑰

①前座・柳家小よし時代、鵜の木敬老会
②③④二つ目・柳家小ゑん時代、③は人形町末広
⑤新宿末広亭　⑥－⑪詳細不明　①－⑪写真提供　談志役場
⑫－⑰撮影　橘蓮二　⑮ 2009 年4月、よみうりホール
⑯ 2008 年2月、札幌　⑰ 2008 年6月、三鷹市公会堂

ちくま文庫

立川談志自伝 狂気ありて

立川談志

筑摩書房

目次

第二章　現在の職業になる如く　ラジオと映画、寄席、入門

第三章　いわゆる波乱万丈の人生だ　家族、家、仕事、交遊録

第四章　アフリカ、もう行けまい　旅、映画、外国ジョーク

第五章　エゴの塊のような気狂いが老いた　がん、声、未完

立川談志自伝　狂気ありて

*文中に示した注は、編集部によるものです。

編集協力　談志役場

まえがき

立川談志、落語家として、己として充分に生きた。

〝いつ死んでもいいや〟と十年前、いやもっと前、二十代から思っていた。ホントかネ。いや、まったくの嘘でもない。

この俺は痩せた身体のエキセントリックな子で、その頃世間でいわれていた〝不治の病〟の「肺病」にかかっていた人間の体形とも似ていたし、〝二十代で死ぬかも……〟と本気で考えていた頃もあったのだ。

本を書く理由は「整理」ともいえる。人間誰しもそうであろうと思うが、当然くる人生の終焉に対する己が身の「整理」、これであろう。

俳優で恩田清二郎という人がいた。その友人である森繁久彌さんから昔聞いた話に、恩田さん曰ク、

「ネエ君、人生、全部整理をしたら、面白いことが何もなくなっちまった」

人生の整理は、生きてきた己の雑事を含めてそれが一つの責任であるし、生きてき

た己の「一巻」ということだろうが……。

その言葉が何処かに残っていた。立川談志に、である。

だから、ということじゃあるまいが、「整理」をせずに生きてきた。放っときゃ、周囲をメチャ〳〵にする癖の俺様。手前えの部屋、それも数ある生活（家が五軒ある）だし。ナニ、己の部屋ばかりか、例えば地方へ公演に行く。大した荷物はない。けど、その荷物をホテルの机といわず、鏡の前といわず、全部広げる。〝広げる〟といっても、それは結果で、〝そうなってしまう〟のだ。ナンダカワカンナイ。

弟子は大変、これに慣れないと家元に連れていってもらえない。

ま、こういう書き方をするとキリがない。つまり言い訳だ。ついでにいうと立川談志の人生は「全部言い訳」といっていい。

で、そのネ、メモという名の資料、また、頭ン中に入っている記憶（これがまた凄い、よく覚えているのだ）が山の如くある。

他からは〝記憶のいい人だなァ、凄いや〟といわれてきた。己でも不思議であった。忘れないのだ。で、この記憶のいい家元を、小生の昔のマネージャーであり、事務所の社長でもあった友人は、一と言で言やがった。

〝語り部の家系なんだよ〟とネ。
おっどろいたネェ。語り部の家系とは知らなかった。いわれてみると、我が母親は、〝よくも〟と思うくらい昔のことを識ってケツカルし、よく喋る。してみりゃ遺伝か、語り部か。ま、それもいいさ。

でも、感性はいい、いえ、特殊である。プライドが高いの何の。そのくせ糞まみれになれる。〝人生洒落〟と、マトモな奴ら、真面目な奴らを軽蔑して生きてきた。

〽一つ出たホイのヨサホイノホイ
　一人娘とヤルときにゃ
　両親の許しを得にゃならぬ

え？　〝もういい〟？　そうかい、そうだろうな。
立川談志の想い出という名の未練を書き残しておく。能書きは長いがそういうことだ。

立川談志

第一章

負けず嫌いで皮肉なガキだった

父と母、空襲、疎開、敗戦

小石川に生まれ多摩川べりで育つ

本を書く。頼まれたからだ。何ィ書きゃいいのかネ。
まず、本てえと、たいがい自伝ともなると手前えの生い立ちから始まる。
他人の生い立ちなんぞ読んだって面白くもなんともあるめえが、書く。
生まれは遠州浜松在、ガキの頃から手癖が悪く……これに近い。

父母は在る。父親は茨城県の土浦、母親は、埼玉はネギの深谷の出身だ。
で私は東京は小石川に生まれ、いつだったか選挙に出たときにその辺をがなりながら通ったら、どっかのオヤジが、〝オイ〳〵、談志よ。俺がな、お前に名前を付けたんだ〟と言っていたが、本当かネ。そのオヤジが付けたかどうか知らないが、克由という。ついでに由雄という四つ下の弟と、央枝という十歳くらい下の妹がいる。まだ生きている。

祖先はあまり知らない。母親の祖母は知っているが、父親のほうは知らない。両親の系図を聞き、メモもどっかにあるはずだが、どうでもいい。まして読者とは関係がない。

小石川は原町に生まれ、その後移った白山御殿町（文京区）の想い出はある。現在も、その近くに住んでいる。

ついでにいうと、家元、家が五軒あって、練馬は一軒家で百坪くらいか。ほかに、銀座に新築マンション、新宿柏木に築五十年で今にも倒れそうな廃屋に近いアパートというか、長屋が縦に並んだだけのマンションと称うモノの七階に部屋がある。ここで暮らしていたこともあるが、今は、文京区は根津のマンションだ。三階と六階に部屋があり、六階の四畳半くらいの場所で、独り頭ァ抱えて狂いそうなのをじっと抑えている。

で、小石川から……簡単にいけェ。蒲田の糀谷、戦中の疎開で埼玉の深谷、同じく疎開で仙台の根白石というその頃の大田舎。と、ま、そんなところだ。

東京人にはあまり〝己の家〟という発想はない。八つぁん、熊公はじめ、皆借家だ。曰ク〝長屋住まい〟ネ。ちなみに根津のマンションの三階のほうは賃貸だ。

所帯をもって、中野坂上に一週間くらい仮住まい、あとは目黒の元競馬場、で新宿の柏木、ということで今日に至る。

その間、サテライトとして、何軒か俺だけで借りている。渋谷のＮＨＫができる前、その通り越しのアパートや原宿の秀和レジデンス、新橋の土管みたいなアパート、浅草のどの辺か忘れたが、なんでそんなことを請け合ったのか、〝宣伝のために借りてよ〟ってンで無料(ロハ)で借りていたり。新橋の土管部屋から浅草への引っ越しにゃァ、汚(きたね)え部屋を前座の志(し)の輔(すけ)が片付けていたっけ。いや片付けさせた。あいつも俺に、いろ〳〵な目に遭(あ)わされている。

おっと、忘れちゃいけねえ。戦中から戦後にかけて、落語家になるまで、いや、なってからも、「鵜(う)の木(き)」(大田区)という多摩川べりで過ごした。小学校、中学校、そして高校の一年(ほとんど行っていない)と、思春期(ガキ)という最も多感な頃を、この川の土手っぷちで過ごしたということだ。「男女の綾(あや)」とでもいうのか、甘酸(あまず)っぱい想い出もこの地であった。

鵜の木の家も賃貸だが、まだ在(あ)る。ついこないだまで母親と妹が住み、その後母親は近くの老人ホームへ移ったが、妹はまだそこに住んでいる。

ナニ? 長(なげ)え?

どうも相(あい)すいません。つい〳〵お喋(しゃべ)りが、そのまま字になって……。

ジョークを一つ。暇潰(ひまつぶ)し、人生全部暇潰し。

父の友人と

友人が役者になった。〝じゃあ一度観るか〟とクラスメート一同で見物、終わって打ち上げで小さなパーティ。まずは役者の挨拶から。ところが、これが長え。やれ芝居だ、主題だと、手前えのことばかりで、話は横にそれ、結局は自慢話だ。一同ウンザリ。さすがに気がついたこの役者、

「あ、悪かった〳〵。つい〳〵喋り過ぎてすまなかった。御免々々。次は君の番だ。で、どうだった？　今夜の俺の芸は……」

死の床の祖母

祖母は喘息から肺炎で死んだ。名を「ひょう」といった。

悳ちゃんという従兄とよく唄った。

〽ジイさん酒飲んで酔っぱらって死んじゃった、バアさんそれ見てびっくりして腰抜かす……というワルガキが唄った歌だ。

〽バアさん喘息で肺炎なって死んじゃった……と唄い、怒られた。

この婆さん、新興宗教というのか、ナニ〳〵教だかに凝っていて、経文を唱えているうちに魂が入るのか、膝を二、三度叩いてひっくり返るのである。別に不思議とも思わなかった。これを真似したっけ。

つまりワルガキ〝三つ子の魂〟の型である。ついでに書くと母方……ってほどのもんじゃあないが、その兄弟姉妹は姉、兄、姉三人がいて、母親は末っ子で「豊」と称う。曰ク「おとよさん」である。

　いいのかい、こんなこと書いていて……。

　死の床に祖母はいた。意識はしっかりしていた。〝豊はどうしたんだ〟と東京から駆け付ける末っ子を待っていた。どういう訳だか、私は先にそこにいた。待てよ、疎開でいたのかも知れない。〝あの子は愚図だからねえ〟とハッキリした祖母の口調、とても死の寸前とは思えなかったっけ。

　〝兄妹仲よく暮らすんだよ〟、これが最後だ。〝おっ母ちゃん〟と伯母の好が泣きすがった。私には、別に悲しみはなかった。好という伯母は自分も〝棺の中に入る〟といって泣いていた。

　葬儀の日は強い風で、土手を行く葬儀の駕籠のタレが飛んだ。死の儀式での愁嘆場は、子供心にさほどなかった。

　葬儀が終わり、母親は俺を残して東京に帰った。何故か悲しかった。伯父がハーモニカを吹いて、慰めてくれた。

そんなところが祖母の死の想い出である。それに一つ、祖母は喘息だったのでよくエフェドリンを飲んでいた。後年聞くところによると、あれはシャブの根源で、セキ止めのエフェドリンを作る過程にヒロポンができるのだ、とか。

そういえばお婆ちゃん、夜は眠れず、「ピョン〳〵」と称する子供の遊びを遅くまで独りでやっていたっけ。

あっという間のこの時間

私は、いや僕は、母親の実家であるその家（玉井家という）で、少年期、というほどに非ズ、ガキの頃を過ごした。遊びの道具なんぞ何もない、食い物もないガキの遊びは、屁を一発して「一喉（地方なまりか）貸し」というもので、やられたほうも「屁」で返さないとシッペの返礼があった。

あと、アトランダムにいうと、唐沢堀という汚い川で泳いだこと、栗泥棒に行ったこと。山番に追われ、棒でたたき落として生栗を食べるのだ。旨くも何ともない。土手の枯れ葉に火をつけて焼く「野火」というものもあった。結構広い面積を燃やす。これが面白く、焼いて小さな橋を落としたこともあった。

主食はジャガ芋と麦飯で、後年この二つは食べなくなった。ジャガ芋が水っぽい。

今の「新ジャガ」に似た味だった。まさかこのジャガ芋が将来、メークインやその他の、あの旨いジャガ芋に替わるとは努知らず。名は忘れたが、あの北国産のポテトは美味い。茹でたてをバターと塩でネ。

現在の立川談志、食い物はまるで駄目、何ィ食っても味がしないのだ。これは悲しい。ついでに酒もダメ、割と抵抗なく断めた。タバコも断ァめ。睡眠薬だけは医師の調合の中に入っていて病院でくれるので、断めていない。聞くところによると、あれは身体に害はないそうな。アドルム自殺なんて昔のことだ。

で、それを楽しみに夜を迎えているが、いわゆる〝ラリる〟ってのがない。ただ眠るだけ、面白くも何ともない。

医者にいわせると、〝ピタリ〟と酒を断めた人間は一人もいない、という。タバコも同様といった。ナニ、別に偉かァない。元々酒飲みでも、タバコ吸いでもない。酒は、ま、ビールだが、若い時分はそこ〳〵飲んだが、早い話酔いたいのだ。で、薬を借りて少量のビールで酔う。それが高じて今回の始末ということだ（注・糖尿病などで体調を崩し、二〇〇九年八月、年内いっぱいの休養をマスコミに発表したことを指す）。

病院は、〝夜一人にすると危険だから親族に付き添ってほしい〟という。で一晩中誰かがサイドベッドに泊まったが、別段何もなかった。

タバコとて中年で覚えたもので、サンフランシスコに行ったとき、皆んなで車座ンなってマリファナを吸っていた。一緒にいたが、タバコが吸えないから勿論マリファナもダメ。口惜しいので、日本に帰ってきてタバコで稽古をしたネ。ところがどっこい、一度も吸ったことのないタバコ（マイルドセブン）だった。吸い込んだら〝スコーン〟ときた。ジーンとしびれた。

何だい、これなら別にマリファナなんて不要ない、「マイルドセブン」で充分であった。ついでにいうと、「マイルドセブン」で捕まった奴ァいない。

マリファナ代わりに吸っていたタバコ、それが一本から二本と増えて、最初効いていたのが段々慣れて効かなくなり、吸うことがクセになり常用……と、こういったケース。まあ、それでも一日に精々三、四本であった。だから、こんなものをやめるのは訳がない。で、この際酒と一緒にヤーメ、という具合。別に苦労はなかった次第。

病院にいたときは睡眠薬を飲んだ後へロ〳〵、満足にトイレにも歩けなかったが、今は平気。近くのスーパーぐらい平気で買い物に行ける。

現在の俺様は、このことが一番の問題である。ラリることができない。睡眠薬が段々効かなくなって、いまも朝の四時、何もすることがなくこれを書いている（やはり録音はダメ、自分で書かないとネ）。

することがないから（面倒でもあるし）、布団の上で引っくり返っている。ふと思い出して書いているものの、例により気の向くままだから、ガキの頃からこの間の病院に入った七十年チョイまでを、思い付くままに書いているのだ。

どんなことになるか。

ガキの頃のこと、疎開のこと、戦後のこと、落語家を志望し、売れっ子となり、世間との喧嘩。そしてこないだの病気入院（注・二〇一〇年一月十四日〜二月二十四日、糖尿病治療のための入院）、あっという間のこの時間、一体何だろう。

〽何でだ、何でだろう……

垢だらけで毛はボウ〱

生まれは書いたように、東京小石川の原町から白山御殿町へ。名前は立派だが、まア並の二階の長屋で四軒ぐらいか。中央に井戸があった。その頃のそのあたりの地図を家元、覚えている。白山下（市電）で降り、巣鴨に向かって左に上がり、右の長屋の二階家だった。籍は小石川原町で、すぐ近くの指ヶ谷町の病院で生まれた、と聞いた。

とにかく変わった子で、夜になっても家に入らない。家の前の露地で、三輪車で遊んでいる。風呂にも床屋にも行かないから垢だらけ。毛はボウ〳〵、親も不思議とそれを放っといたのだ。

それがある日急に〝僕床屋に行く、風呂に行く〟といい出し、ついでに写真を撮る、ということで、貸し背広を借りて千歳飴を下げた。割に端正な顔をした写真が残っている（二九頁写真）。ちょうど五歳のときで、つまり七・五・三の男の子の祝いということか。

その御殿町の家、蒲田の糀谷、いろ〳〵あったらしいが、下丸子の三菱重工の正門前に越した。井戸水が真っ赤で、布の袋でそれを漉すのだ。後に中国に行ったとき、いや蒙古か、ホテルのバスの水が真っ赤だった。あれと同じ。

その後、今もある（妹が住んでいる）鵜の木に移った。これが少年時代か。

国民学校一年生となった。このときはまだ、私の中に寄席はなかった。小学校が国民学校と名が変わったときで、山を越えた久が原の東調布第三小学校に入学。入学のとき、〝碁石を二十数えてください〟に、この俺は〝二ィ、四ィ、六ォ、八ァ、十ォ〟とやって、大人を驚かせた。

七・五・三の記念写真、5歳

学帽の徽章（きしょう）に、東調布第三小学校を縮めて「東調三」とあったのを、ガキは「東條（とうじょう）さん」といったっけ。

一年の先生は江川先生という優しい若い先生だった。あとは六年まで、全部嫌いな奴（やつ）だった。

父親の記憶

母親の豊は、一年繰り上げのような塩梅（あんばい）で小学校に入ったせいか、一番背が低かったという。けど足は速く、運動会などになると観客が一斉に〝ガンバレ〟と応援したと聞く。そのときの記録が戦後まで残っていたらしい。深谷の小学校だ。

この母親九十五歳か、まだ生きてケツカル、ちゃんとしている。昔の話ができる。〝飯塚敏子（いいづかとしこ）がネ、五月信子（さつきのぶこ）がさァ〟、その昔の映画女優だ。

俺様はそういうことも知っている。ま、一つのマニアかも知れない。スポーツ、映画、歌謡曲はもちろん、その昔の事件、戦争談議も〝よく識（し）っている〟と他にいわれる。たとえば説教強盗の妻木松吉（つまきまつきち）、それに〝一太郎やあい、その船に乗っているなら、鉄砲上げろ〟と母親が息子に叫んだという話（注・戦時中の小学校の教科書に載っていた日露戦争時の軍国美談）もよく覚えている。

この二人は戦後も生きていて、NHKテレビの「私の秘密」に出ていたのを見ている。

松吉が捕まる前に平気で警視庁のトイレに入った話に、〝大丈夫ですか〟は司会の高橋圭三だったか。

「大丈夫ですよ、私は面が割れてないのですからネ……」

一方一太郎は、〝一太郎やあい〟と叫ぶ母親の声は聞こえなかった、といっていた。

そう〳〵、杉野兵曹長も生きていた。広瀬中佐が、〽杉野は何処、杉野は居ずや……と叫んだというエピソードが歌に残っている。戦後壊されたが、神田は須田町の真ん中に広瀬中佐と杉野兵曹長の銅像があり、立ち姿の広瀬の足下に、小槌のようなものを持ち横ンなっている杉野兵曹長がいた。

志ん生のギャグに、〝女はこんなになっちゃって〟と酔って、半分横ンなった女の姿をしながら〝杉野兵曹長の銅像みたいになっちゃって……〟。

好きなギャグだ。誰かが〝スクーターに轢かれたチンコロみたいに……〟とやったのとは雲泥の差がある。

話を戻すと、父親と母親が何処でどうなって所帯をもったのか、聞いたが忘れた。

ガキの俺にとっちゃァ、父親はグズで頭のワルい怠け者だったが、ガキなんて母親の側(そば)にいてその愚痴(ぐち)を聞いているから、どうしても母親びいきになる。だから怠け者だと思い込んでいたのか、でもそうじゃなかった。後年、周囲から聞いたところによると、よく働いて、家族の面倒も見ていたという。

父親が怠け者で会社に行かないから、会社（三菱重工）の前に引っ越したとも聞いたが、これも違っていたらしい。こういう思い込みというのは一体、何なのだろう。最近になって母親にも聞いてみたら、〝包正(かねまさ)（父親の名だ）は働き者だったんじゃないの？〟に、〝そうだよ〟の弁。

そういやァ戦後、物資(もの)のない頃によく買い出しに行き、米を背負って帰ってきたっけ。一度一緒に行き、小さなリュックサックに、これまた米を一杯背負わされて汽車の通路に押し込まれ、ニッチもサッチも動けなくなり、〝死ぬかな〟と思ったことがある。

父親は、私の知る限りでは運転手であった。木炭車の頃からだし、軍隊に入っても装甲車を運転していたそうな。しかも昔はタクシーの運転手は特別なもので、現代の小型飛行機の操縦士くらいの格というか、難しかったそうな。

運転手になるには、助手からの叩き上げ。助手が運転手の左側に座って、〝右左〟〝左右〟といっていた。通る子供に〝危ないよ〟等いってネ。川柳に「助手の腕　だらりと下がり　風を切る」とあったっけ。

木炭車の時代、いま都電が走っている目白の坂は、木炭車だとなか〱上れない。父親と一緒に後ろから押したことを覚えている。

そして軍隊に行った、いや軍隊に取られた。宇都宮の何連隊か、実際には一つ手前の雀宮か。弁当を持って、つまり父親に食べさせるべき品を作って面会慰問であり、駅と駅の遠かったこと。兵舎から離れた草っ原で親子三人、持参のお土産を食べたっけ。

父親の位は一等兵か。どう食べたか、どんな話が出たのか、ガキの俺には皆目判らない。そう、あれで二、三時間は一緒にいたのか、俺には会えた喜びも別れの辛さもなかった。

幸いに父親は外地に持っていかれず、宇都宮のみで敗戦を迎えたのだろう。いつ我が家に帰ってきたかは知らない。私はちょうどその頃は、さっき書いた埼玉県の深谷町に縁故疎開をしていたのだ。

死に目に会わず

父親に日光へ連れていってもらったことを覚えている。父親の友人の清水さんという人が一緒で、その清水さんと一緒に撮った写真が残っている。そのとき、小熊が小さな檻に入れられていて、〝可哀相だな〟と思った記憶が残っている。

茨城の鹿島神宮に連れていかれたこともあったっけ。船に乗った記憶がある。そこで初めて、芋餅を食ったネ。囲炉裏ン中に放り込んで焼いて、灰を払って食べた。あったかくて、美味かったという想い出がある。

そのときだったか、別のときだったか、「もらい人」なんという者と会った。宿に泊まっていると、平気で人のいる部屋の入り口を開けて入ってくる。〝あのー、もらい人ですが〟といって入ってくる。〝もらい人ですが、何かありませんか〟〝いま何もねえや〟なんというやりとり。

父親との想い出というと、そんなところか。何処かに連れていってもらったとか、遊んでもらったという記憶は、これ以外にはない。

父親は無口な人だった。本を読んでいたという記憶もないし、ラジオを聞いていたという記憶もないし、映画の話をするわけでもない、釣りをするわけでもない。酒も

鵜の木の実家で母と

国会議員時代。鵜の木の実家の前で母と

飲まないし、遊びに出掛けるわけでもない。父親の趣味は何だったのか、何をして生きていたのか。

夜になると帰ってきて、一緒に飯を食って、とき〴〵会社の連中と宴会を家でやったのは覚えている。父親は知人や親類を家によく呼んでいた。鵜の木の狭い二間に、父母と弟、妹と私の五人で暮らしていたのだが、そこにいつも誰かいた。

知人なのか親類なのか、父親が間借りさせていたこともある。二間しかないところの一間（三畳）を貸してしまうのだ。母親は怒っていた。

で、母親の気が強いからなのか何なのか知らねども、父親が家ィ飛び出して帰ってこなくなったネ。そのうちに患って帰ってきたそうだが、母親の話によると、〝黙って帰ってきて、いきなり布団の中に潜り込んじゃった〟。

その頃はもう家を出ていたので、父親とはほとんど会った記憶がない。

父親がいつ死んだのかも、正確には覚えていない。何で死んだのかも知らない。いよ〳〵となって、〝もう最後になるから、見舞いに行こうか〟に、妹が〝来なくていい〟と。だから死に目にも会っていない。

葬式には出ている。二十五年くらい前だったか。

一度我が家に来たことがある。〝また行く〟というから、〝親父、来ないでくれよな〟といった。それっきり来なくなった。いま考えりゃあ、可哀相なことをした。

従兄はトン爆弾で死ぬ

深谷から二つ先の東京寄りの町、熊谷にはよく空襲があった。艦載機のグラマンだ。いわゆる戦闘機の機銃掃射であった。後には爆弾も落ちたのだろう。戸外の蔵の前に大人たちと一緒にいたとき、〝ブワッ〟という風圧というか弾圧を感じた。伯父のいうには、

「きっと熊谷に原子爆弾が落ちたに違いない……」

まずはこんな程度の認識であったのだ。

疎開していた母親の実家の裏口を出たところに蔵があり、その前で伯父たちと一緒に玉音放送を聞いた。何をいっているのか判らなかった。一緒にいた大人たちも〝終戦だ〟とはいわず、〝武装解除だ、武装解除だ〟。

泣くとか喜ぶとか、何もなかった。毎日の連続の中に「武装解除」というものがあっただけで、戦争が終わって〝ああ、よかった〟と感じた人が果たしていたのか。最前線で撃ち合っている連中はどうかわからないが。

少なくも、子供心には何も感じなかった。

そうだ、いつ頃だったか、東京にいた頃だ。昼間、空にキラッと光った敵機一機、おそらく偵察だったろう。一緒に空を眺めていた二つ上の山口くんがいった、〝あっB17だ〟。

現代(いま)の子供と違って、楽しみは世界の航空機だったのだ。

アメリカが最初に東京空襲にきたのはB25だった。支那(しな)にはアメリカがカーチスP40という古いヤツを売っていた。当人たちはノースアメリカンP51、双胴のロッキードP38、夜間飛行機はノースロップ、中型機はダグラスいくつだったか。イギリスは翼の大きなスピットファイアー、ドイツはメッサーシュミット、ユンカース、日本は勿論(もちろん)零戦(ぜろせん)、紫電(しでん)はまだだったが、中島飛行機が川向こうにあり、呑龍(どんりゅう)、屠龍(とりゅう)、月光(げっこう)などを覚えている。

ちなみに浦賀(うらが)にあった船は「漣(さざなみ)」、駆逐艦(くちくかん)だった。

そう、浦賀というところにも、ジャリのときにいたことがある……。雨が降ると弁(べん)慶蟹(けいがに)が家ン中に入ってきたネ。

東京の空襲が激しくなり、三月十日の東京大空襲を自転車で鵜の木から下町まで見に行ったのが、母親の姉の子「ケンちゃん」で、私の母に〝ねえちゃん、凄いよ〟といっていたのを覚えている。

この「ケンちゃん」という従兄のことで覚えているのは他に〝森川信がいいよ〟といっていたこと、この二つであった。この従兄も、所沢で大きなトン爆弾のために死んだ。立川飛行機に徴用で連れていかれていた。人生で最も生意気な頃だったろう。当時の誰でも識ってる歌に、

〽嫌じゃありませんか軍隊は
銅の茶碗に竹の箸
仏様でもあるまいに
一膳飯とは情けない

他に、ケンちゃんが唄っていた歌に、

〽一つとせ　人も嫌がる軍隊に
進んで入ってくるバカもある

こいつァ豪気だネ
こいつァ豪気だネ

〽二つとせ　二親に別れて徴用で
三年経っても帰れない
こいつァ豪気だネ
こいつァ豪気だネ

〽三つとせ　皆んな泣き〳〵務めてる
立川飛行機の怖ろしさ
こいつァ豪気だネ
こいつァ豪気だネ

いつも唄ってたっけ。ケンちゃんが生きていたら俺のことをどう評したか、今でも思う。

母親の家系は玉井だが、ケンちゃん、柿沼健次と現在も深谷の慰霊碑にその名がある。

空襲の炎で本を読む

戦前はよく「お目ざ」という朝のお菓子に棒チョコを食べていた。御殿町の頃か、やがて物がなくなり、鵜の木に越してきたときはもう「お目ざ」もあるものか。小石や木っ端のクズをより分けてビンで搗いた玄米を食べた、いわゆる物のない頃。でも我が家は近所よりよかったように覚えている。

父親が酒を飲まなかったから、配給になった酒を他に回したりして、母親が上手にやりくりしていたのだろう。曰ク、物々交換の時代だ。タバコも一人一個の配給で、子供も行列に並んだ。「誉」「鵬翼」等、覚えている。

ガキの私は日がな一日、多摩川の河原で素っ裸で砂や水と遊んでいた。庭には「成りくら」「食いくら」と俗にいわれた、生長の早いサヤインゲンを植え、鶏を飼っていた（精々一匹か二匹か）。志ん生一家ほどではなかろうが、土手のオンバコ等も食った。今でもこれは茹でると食える。

鵜の木、たいがい空襲から除けられていたこの場所も、川向こうに工場もあり、地元に三菱重工があったせいか、最後にゃ空襲を食らった。

いつもは分かれて我が地を避けるのに、この日に限って上をB29がくる。〝逃げろ〟である。

親子三人（母親、私、弟）、山に逃げた。誰かが怒鳴った。〝山は危ないぞ、多摩川べりに出ろ〟。それに従った親子三人、土手をさまよった。安全という場所は何処にもなかった。ただ、土手を三人、手を引いて歩いた。

〝助けてくれよう〟と川の中の声、〝助けたくも行けねえんだよう〟と川辺の人の声。何処かの兵舎の若者は、うつぶせになり、足はグチャ〳〵になっていたが、それを跨いで歩いた。ま、後で聞いた東京の下町のような凄さはなかったけれど……。

焼夷弾は、親の弾が〝ガァー〟という音をたてながら落ちてくる。それが途中で〝バーン〟とハジける。それが一つ〳〵の子の焼夷弾となってあたりに散るのだ。行く当てもない親子三人、夜の明けるまで多摩川の河原をさまよった。母親の〝焼夷弾は一度落ちた所には落ちるまい、そこに入っていよう〟に、〝嫌だ〟と俺。で、麦畑の畦道に親子三人入り、ゴォーッというと耳をふさぎ口も押さえ、やがてその音が消えるまでそのくり返し、という空襲の一夜であった。

空襲が去った。対岸の燃える炎で本が読めた。警防団の成瀬さんというおじさんに〝ちきしょう、ちきしょう、ちきしょう〟といっていた俺。母親の〝この子、頭がど

小学生時代

中学生時代。前列右

うにかしちゃったらしいの〟に、〝そうなりますよ。クソッという気になりますよ。当たり前ですよ〟と成瀬さんという退役軍人の話であった。

帰ったら、幸い我が家は焼けていなかった。

家を守ろうとした人の家が焼けて、守るべき人が逃げてその家は焼けず、大人たちが怒鳴り合っていたシーンを覚えている。

鮮明な記憶

空襲が激しくなったので、私のみ深谷の伯父の家に縁故疎開し、母親と弟は東京に残った。やがて仙台の奥、泉ヶ岳のほとりの根白石という村に疎開。それもわずかな間で、母親の意見で、彼女の生まれ故郷の深谷に帰った。母親なりの葛藤があったらしい。

深谷の小学校は元のクラスに入った。〝今さら紹介はいるまい〟と先生はいってくれた。ちなみに仙台から歩いた母子三人の距離は、七里に及んだ。途中「七北田」というところを通ったっけ。

仙台の駅に古川ロッパのポスターがあった。後年色川武大兄ィに聞いたところ、その劇団に鈴木桂介、若手の泉和助、後のＷけんじの宮城けんじがいたそうな。宮城けんじ、最初の名は宮城健児だった、と聞いた。

後に私が惚れた、タッパーでコメディアン泉和助、通称和っち先生は二村定一のカマボーイだったとか。その頃の私は、ホモもレズも知らない子供であった。

もっとも和助に惚れて「日劇ミュージックホール」に通ったのは戦後で、東郷静男、宇津秀男が演出をしてた。若い岡聡もいて、私は岡さんと親しかった。トニー谷の売り出しの場所でもあった。

話は横にそれたが疎開の話だ。落ち着いた仙台の田舎では、高橋さんという親切なおやじさんが我が家を可愛がってくれ、そのことが高橋さんの女房の嫉妬を買ったという大人の話を覚えている。

この村、全員が「高橋」「早坂」だったので、朝、先生が点呼をするときに名字で呼んだら判らなくなる。で、名前を呼んだ。太郎、弘、一郎、私は克由。「カツヨス」と呼ばれたっけ。〝カツヨスィ、ペッタスネか〟、東京弁でいうと〝克ちゃん、メンコしよう……〟となるのだが、一ヵ月で見事にズウ〳〵弁になったのを母親は嘆いていたっけ。しかし、これが後年、落語『国訛り』等で役に立った。

真っ白の飯に田植え。土を掘ると、耕すと、オケラが出てきた〳〵。手の中に入れるとオケラの奴、這い出ようとする。指の間を広げる力の強いこと。いまだに感触が残っている。

村を流れる小川、そこで食器を洗った。上流では子供のオシメを洗っていた。たった一軒の「ガッチャン屋」という、あの地方で「テン」と呼う「ところ天」屋があった。店の前に置かれた自転車に覚えがあり、結婚し、新婚旅行というわけでもないが、仙台のキャバレーに出演したときに、女房と一緒にその地を見に訪れたが変わっていなかった。

深谷では、空襲なんて一度もない。一度敵機が上空高く偵察だったのか、飛んだ。それを見た村人は、〝敵機だぞォ、家に入れ〟といったのを覚えてる。ガキ心に〝呑気なものだ〟と感じたネ。

母親は北の地が嫌で深谷に戻った。食べ物のないところで、何とこの地に学童疎開をしてきた東京の子供たちが、みる〳〵瘦せていった。あまりの瘦せように驚き、面会に来た親がそのまま東京に連れて帰った。何とこの子たち、田舎の子にイジメられ、お菓子の代わりにエビオス（消化薬）や歯みがき粉まで食べたと聞いた。

敗戦を終戦といった大人のごまかし。「敗戦」という言葉を使うようになったのはずっと後になってからで、その頃は「終戦」といっていた。

終戦後一、二年待って東京に帰った私は、小学校四年生だったと覚えている。で、多摩川べりでの暮らしとなる。忘れもしない三月三十一日、大雪が降り、寝ている布団にまで粉雪がサラ〳〵とのっていた。勿論、冬の暖もない。炬燵で暖めて、その温もりを冷たい布団に運んで、少しずつ手足を伸ばしていった。夏は夏で、暑さにどうしても眠れず、近所隣が道に出た。

池上の本門寺の御会式の日には、濡れた手拭いが凍って立っていた。

もう現在の東京には霜も降りるまい。

その頃の想い出は、一つ〳〵鮮明に覚えている。

で、一と口にいうと、このガキは負けず嫌いで皮肉なガキだった。

第二章

現在の職業になる如く

ラジオと映画、寄席、入門

ラジオという最高の娯楽

現在の職業になる如く、ある日あるとき、芸能との関わりができてくる。一と口にいうとラジオ、レコード、そして近くにあった多摩川園劇場の映画と実演で、ラジオはその頃最高の娯楽であって、「二十の扉」「話の泉」「陽気な喫茶店」。日曜日ともなると、NHKラジオ午後七時半より「二十の扉」「今週の明星」、最初は「お好み投票音楽会」、「時の動き」をはさんで「日曜娯楽版」と、楽しみが続いた。「二十の扉」の司会は藤倉修一、「話の泉」は憧れの和田信賢、「とんち教室」の青木センセイこと青木一雄。

石黒敬七、長崎抜天、三味線豊吉、須田栄、関屋五十二は何の番組だったか。「話の泉」は山本嘉次郎。私はこの人に後年惚れたせいか、可愛がられて種々の話を聞いた。パリ時代、オペラ歌手のシャリアピンの家に住んでいた、とか、ツェッペリンのヒンデンブルク号が落ちたときか、いや着いたときかにインタビューに行っている、とか。

おっと「話の泉」には、サトウ・ハチロー、徳川夢声、大田黒元雄等も出ていた。そして宮尾しげを。この人は絵を描いていたっけ。

私立東京高校の同級生たちと。中列左から2番目

他にもゲストが時折出ていたが、ツマラナイ奴ばかりだったっけ。偉そうな肩書きを持った奴で、そういう奴がツマラナイのは現在と同じ。

「陽気な喫茶店」は松井翠声、並木一路と別れた〝ギョ〳〵〟という流行語を作った内海突破、女性歌手にNHKのど自慢の第二回で優勝した荒木恵子、歌はともかく、演技は酷いものだった。でもNHK、強引に使ってたっけ。

「二十の扉」は大衆向き。天才三木トリロー率いる一党、小野田勇、河井坊茶、三木のり平、丹下キヨ子、後年「ビンちゃん」こと楠トシ江も入ったっけ。

三木トリロー作詞・作曲には「僕は特急の機関士で」「バナナリズム」等々……。

好きだったのは「冬が来たよ」。

〽冬が来たよ　大寒小寒
　山から小僧が
ピョン〳〵ピョン〳〵　飛んで来た
ブルルルル〳〵　木枯らし吹いて
ブルルルル〳〵　冷たい風が

そりが走る
サンタクロースがやって来る
……云々(うんぬん)。

トリロー自身がピアノを弾いて歌ったが、その音は残っていない。残っているのはトニー谷のワンコーラスだけだ。

「毒消しゃいらんかね」もトリロー作詞作曲。後年「田舎のバス」を中村メイコで飛ばす。してみりゃメイコ古いなァ。何せガキからだしネ。今一番古いんじゃないかしら。

「僕は特急の機関士で」は、森繁久彌(もりしげひさや)も一節を唄(うた)っている。

〽名古屋にお城はあるきゃも
金の鯱(しゃちほこ)あるきゃあも
守口大根(もりぐちだいこん)細長く
彼女のあんよに似るきゃあも
東京　京都　大阪　ウウーウウーウウーウ　ポッポ

それに加えて河井坊茶の「かぐや姫」「泣きべそギター」。「かぐや姫」は朝日放送のラジオ歌謡だった。北原ケン坊（北原謙二）の「ふるさとのはなしをしよう」もこの番組からだ。「泣きべそギター」は、〽白い〳〵霧だネ　ギター……というやつで、我が家にある。

何せマニアだし、和田信賢がヘルシンキオリンピックの中継をして帰る途中、パリで客死したときの放送もあるし、その真似もできる。つまり信賢の死んだ日の放送である。

サトウ・ハチローの書いたものを徳川夢声が代読した、場内咳一つないテープもある。

この頃から批判眼

日曜日にはNHK「ラジオ寄席」が入っていた。金馬、柳好、文楽、若き三遊亭歌笑、歌う声帯模写の白山雅一、志ん生、円歌。

「ラジオ寄席」の千太・万吉は楽しかったが、隆の家栄竜・万竜の女流漫才、三国道雄、宮島一歩なぞ、まるでセコでツマラナイ。私はもう、その頃から批判眼を持って

1952（昭和27）年、前座・小よしの時代、16歳

実家近くの床屋の前で、16歳

いたのだ。

夕方遊んでいて、小三治（後の小さん）を聞けなかった口惜しさも想い出の中にある。痴楽は嫌いだったネ。

三木助は柳橋と共に「とんち教室」のメンバーだが、この三木助はあまり面白くなかった。

おっと、もう一つ番組を紹介する。

「上方演芸会」、唯一の関西の芸人の番組で、司会は林田十郎、芦乃屋雁玉。〝いらっしゃいませ、今晩は〟で始まった。痩せたほうが十郎、アダ名が「さいら」、つまり東京でいうサンマのこと。雁玉さんは「タコ壺」であった。

雁玉さんの弟子に、兄弟で入ったが芝居に行ったのが雁之助、小雁である。

そうだ、夜の十時か十時半か、スポーツニュースがあった。目当てはその日のプロ野球、その頃の「日本野球」の結果だが、ガキにはこの時間は遅い。眠い目をこすりながら待つ。待つだけ待つ。テーマ音楽を聴く頃には、たまらず寝てしまったもんだ。

英語から落語へ

さァて、いつ頃から寄席に通うようになったのか立川談志、小学校はトンボつりとベーゴマとカン蹴（け）り、ビー玉、メンコの日々、それがいつか寄席通いになるのだ。

中学の一年生になった。この年から中学に誰でも入れる制度となり、曰（いわ）く新制中学。私が通っていたのは、通称「東京中学」という歴史のある中学で、多摩川沿いの我が家の近くにあり、歩いて三分だった。

戦争に敗（ま）けたので〝まずは英語〟と、すぐ英語塾に飛びついた。この辺は早い。機を見ること敏（びん）である。長続きはしなかった。理由の一つにイジメッ子がいたからだ。一級上の子で、名前も覚えている。

で、近所に英語のできるインテリ女性が住んでいたので、彼女に習うようになった。ダラ〳〵やってたらその先生、ま、家庭教師が〝あんたやる気があるの、ないの〟。こういわれちゃあ持って生まれた性分だ、〝ないよ〟。こういわざるを得ない。〝そう、ならやめましょう〟といわれ、バカな女と思ったたっけ。たしか斎藤さんといった。

この了見（りょうけん）はいまだに変わらない。〝一所懸命やります〟なんぞ、誰がいえるもんか。たとえそういうつもりがあっても、いえない。

英語はそれっきりで、英語から落語になった。この辺は『現代落語論』に書いたっけ。

落語は好きだったが、別にお喋りなガキではなかった。この場合の〝お喋り〟とは人前で落語を喋るということで、このケースはよくあると聞く。小さん師匠もそうで、〝おい小林、何か演れ〟と、よく先生にいわれて喋ったという。私には、そういうことがなかった、ということだ。

そしてあるとき、何かのはずみで伯父のお供で浅草に行った。寄席ではなく、落語のときだけ舞台に高座を置くという劇場だった。後の北野花月のようなスタイルで、そこに出ていた馬風、今輔。馬風は漫談、今輔は『網棚』という新作を演っていたが、これが有崎勉、つまり金語楼の作とあとで知った。

早い話、面白かった。〝次もまた〟と伯父に頼んだ覚えはないが、その後、上野の鈴本に伯父とその友人と一緒に行くことになった。で、馬風が途中で高座を降りて逃げちゃった。〝あの野郎逃げやがった〟と笑い話風に喋っていたこの友人、歌手の照菊の旦那と聞いたが、「照菊」も「旦那」も何のことだか判らなかった。

落語よりむしろ多摩川園劇場

落語との縁はそれっ切り、むしろ多摩川園劇場に連れていかれるほうが多かったようだ。覚えている映画は、「うたかたの恋」や「風雲のベンガル」が子供心に楽しかった。曰ク、冒険物だ。それに「最後の地獄船」。日本映画じゃ「狸になった和尚さん」、大河内だと思っていたら〝違う〟と後に聞いた。女優は相馬千恵子、これは確か。

あとは実演。キドシン（木戸新太郎）、杉山昌三九。小笠原章二郎、後にこの人とは文通をするようになった。この御方、永田ラッパと伴淳三郎を最後まで恨んでいた。新興演芸創立の際の引き抜き合戦と関係があったのか。

ちなみに私の識っている引き抜きは、漫才の玉松一郎、ミスワカナ。川田義雄を除いた「あきれたぼういず」の坊屋三郎と益田喜頓。後に、坊屋、益田に山茶花究が加わりトリオとなった。

ついでにいうと、面白くなくなった。やはり川田あっての「あきれたぼういず」の感があった。

レコードから流れてきた「あきれたぼういず」。川田義雄、坊屋三郎、益田喜頓、前は坊屋三郎の弟「芝利英」がいて、悲しいかな戦争で散った。ちょいと紹介しよう。途中からだが、いまだに覚えてる。

〽今日は来るかよ　明日は来るかと
待てど暮らせど　為替は来ない
宿のおばさんは　横目で睨むし
三月も溜めたんじゃ　無理ないと思う
北風吹くのに　白地じゃ出られぬ　腹が空ったし
いっその事寝ちまえ……　暗い日曜
それは去年の秋だった
星のキレイな宵だった
去年の私の病いに　いっそ死んでしまったら
こうしたなげきはあるまいものオー

つまりダミア（フランスのシャンソン歌手）からタンゴ、義太夫「三勝半七」、そ

入門したばかりの頃。後列右から3番目

してお馴染みの川田節に入る見事な音楽センス。今それを知っているのは、モダンカンカンの灘康次さんぐらいか……。

おっと……こればっかりだネ。まあ、いい。多摩川園劇場で観た戦後初めての映画、一般的には最初のアメリカ映画はディアナ・ダービンの「春の序曲」とあるが違う。絶対に違う。「ユーコンの叫び」だ。

創作力のあるガキ

物資は相変わらず巷になかった。いわゆる闇市で蒲田の駅前に行ったとき、とにかく並んでいたのを覚えている。何でもいいのだ。何せ何もないのだから。ビン一つ、カンヅメの空いたものでも欲しがった。で売れた。

当時のギャグに〝並んでいたので並んだ。で、一番前にきたらお焼香をしてた……〟。何処かで噺家が喋っていた。

ガキの食い物は乾燥芋、さつま芋を薄く切って屋根に干したが、干し切らないうちに食った。柿の皮も同様に干した。これは甘かった思いがある。

台風がくると多摩川の河原も水が出た。あの広い野原と畠が水浸しとなる。さつま芋が水に浸かった。それを掘りにいく。それを冠水芋といったがこれは不味い。でも仕方なく食ったっけ。

多摩川はダムがあり、その下流、つまり私どもガキの遊び場所は、ハゼが存分に釣れた。つまり海水が入っていたのだ。それが嵐、大水ともなると川の魚も下流に流され、確か鯰を捕ったことがあった。

町の小さな商店に南京豆が売りに出た。やがて柿の種、何と美味かったこと。これをポケット一杯に買って友人とボリ〳〵食べながら近所を歩いた。後にこの友人と二人で落語家になるつもりが、彼は家の反対か実現しなかった。北川渉というその頃の大親友であり、いつも二人つるんで歩いていた。そう小学校の戦後と、中学と……。

受け身の粋な奴だった。

川に橋が、いや鉄の棒のようなものが掛かっている。〝それを渡ったら百円やるよ〟で、彼が渡った。途中まで渡ったときに俺が〝今のは嘘〟、でも奴は怒らない。落ちりゃ大変なのに。そこで怒ったら野暮になると思ったか、粋だと判断したか、妙な奴で妙に気が合った。

彼と相撲をして左腕を折り、奥沢の外科にギプスで固められちゃった。そうなると左腕を後ろにして歩く。一ヵ月してギプスをはずしたら腕は細くなり、ボーッと毛が生えていた。その固まった、動かなくなった腕を、看護婦が三人がかりで折り曲げ、伸ばすのだ。その痛さ、それが終わった快感はなかった。で、今でも左腕は一センチ短い。背広を作ると左腕が一センチ短い背広になり、手をついて後ろに身体をあずけるときに右腕はできるが左腕はできない。曲がっちまう。

パチンコ屋ができてきた。一個玉は一円か、この遊びに興奮した。玉は買えないので三菱重工が空爆に遭っていて、その残骸からベアリングの玉を探し出してそれを利用したが、玉の大きさに差がありダーメ。

創作力のあるガキで、例えばビー玉。「目落とし」といって下に置いた相手のビー玉めがけ、手前えの玉を上から落として当てるだけのゲーム。その他にも二、三あったが、ごく単純な遊びで面白くなかったのを、地面に地図や画を描いて複雑なゲームにしたり、「カン蹴り」という遊びを新しく作り直したりしたもんだ。

勉強なんて一度もしたことはない。ベーゴマは名人であった。現在の志らくがケン玉の名人で、親父は日本一と聞いた。そのケン玉、馬跳び、おしくらまんじゅう、トンボつり……。お手玉も上手かった。キリがない。

師匠柳家小さんと

鈴本演芸場で、林家三平と

ジャズとTAPを習う

東京に引き上げ、焼け残った六畳、四畳半、三畳の家（最初は二間だったが、後に倉庫を改築して一間増えた）で過ごした小学生、中学生時代。雨が降ると己（おのれ）でどうやって集めたか、独りでレコードをかけて遊んだ。いろ〳〵かけてのトリは、田端義夫（バタやん）の「玄海（げんかい）ブルース」か、パティ・ペイジの「涙のワルツ」であった。

おっと……こればっかりだネ、ま、いいや、浜松町にいきなりジャズを習いに行った。何もいわず譜面を渡され、ピアノを弾いてくれて「スィング・スィング」を唄（うた）わされた。

〽スィーン〳〵スィーン〳〵
エブリバディ　ガットスィング
ラドラ　ホウ〳〵
ナウユア　スィギン　ウイザ　スィング

覚えている。勿論（もちろん）、日本語で書いた紙を読んで唄ったっけ。

　あとはTAP（タップ）。中川三郎（なかがわさぶろう）のスタジオで習った。習いに行ったのは目蒲線（めかません）の大岡山（おおおかやま）。中川一家は別に教えてくれず、弟子に習ったが才能がないのに気付き、すぐヤーメ。でも好きだ。

　TAPといえば、ナンバーワンはおそらく、「雨に唄えば」であろう。ジーン・ケリー、ドナルド・オコナー、ついでにデビー・レイノルズ、シド・チャリシー、ジーン・ヘイゲン。役名も覚えている。ジーンがドン・ロックウッド、オコナーがコズモ・ブラウン、デビー・レイノルズがキャシー・セルドン、ジーン・ヘイゲンがリナ・ラモンド。雨に踊るシーンも結構だが、言語矯正所で踊る「モーゼス」が素晴らしかった。ジーンとオコナーの二人の踊りだ。

　次にアスティアの「イースター・パレード」、ジュディ・ガーランド、アン・ミラー。

　アン・ミラーは「キス・ミー・ケイト」。彼女とルシール・ブレマー、キャロル・ヘニー。男性陣がボブ・フォシー、トミー・ロール、ボビー・バン。主役は確かキャサリン・グレイスンにハワード・キールか。

　こんなことを書き出すとキリがないが、今日（こんにち）、この歳、退屈な折に、この想い出ゲームを一人でやっている。

アメリカ映画よりフランス映画

高校は一年だけ行って(曰く、東京高校だ)、五代目柳家小さんに入門した。落語が本業となり、趣味はミュージカルとフランス映画であった。

デュビビエ、ルネ・クレマン、クルーゾー、ルノアール、ベッケル、ダッシン、マルセル・カルネ、クリスチャン・ジャック。「花咲ける騎士道」、ジェラール・フィリップだ。イブ・アレグレ、ジャン・ドラノワ。

試写室と、新宿の日活五階にあった帝都座に通ったものだ。あの頃フランス映画は全盛であった。アメリカ映画も観たが、文学青年というわけではないがフランス映画のほうがハリウッドより上だ、と思っていた。

現在でも、あの頃観た映画の話はできる。ジューベ、ギャバン、ダニエル・ジュラン、ミシェル・オークレール、コリンヌ・カルヴェ。「リラの門」のピエール・ブラッスールと「雨だれ」を唄ったジョルジュ・ブラッサンス、若き男はアンリ・ビダル、女は確かダニー・カレルかな。いやロバンかな。想い出ゲームをやるとキリがない。ミシェル・オークレールがセシル・オーブリィを逆さに担いで砂漠に向かうラスト

二つ目、小ゑん時代

NHKのスタジオで、小ゑん時代

シーンの「過去をもつ愛情」。「男の争い」のジャン・セルヴェ、撃たれたまま車を運転し逃げるラストシーン。監督はジュールス・ダッシン。後に「トプカピ」を撮る。「日曜はダメよ」のメリナ・メルクーリと一緒になる。

アメリカ映画はジェームズ・キャグニイとジョージ・ラフトであった。「我れ暁(あかつき)に死す」では珍しく共演してたっけ。「白熱」のエドモンド・オブライエン、スティーブ・コクラン、同じワーナーでは、ラルフ・ベラミー、フランク・マックヒュー、アラン・ジェンキンス等々。エリイシャ・クックJr.、ピーター・ローレ等お気に入り。フランスではレーモン・ビュシェールで「幸福への招待」の自動車工場の仲間、「ファニー」のレスリー・キャロンの父親の役を演ったっけ。

落語一筋の十六歳

そろ〳〵落語の話に移るか。俺は落語家でアリマシタ。中学生から寄席通い。主に新宿の末広亭(すえひろてい)。それが高じて職業に。

当時、柳家小三治(やなぎやこさんじ)から小(こ)さんになった師匠の目白の自宅……ってほどのもんじゃなかったが、線路際の家に通った。

落語一筋の十六歳には、学生同士の二人連れがうらやましかった。池袋演芸場の二階から〝ボオッー〟と眺めていたっけ。

当時噺家は少なかった。八代目桂文治、文楽、志ん生、円歌、円生、馬楽から正蔵になった後の彦六、柳橋、右女助後の小勝、小さん、馬風、さん馬、円鏡、小円朝、つばめ。

ちなみにそれらの師匠の本名が、今でもいえる、書ける。文治が山路梅吉、文楽は並河益義、志ん生は美濃部孝蔵、円歌は田中利助、円生は山崎松尾、正蔵は岡本義、柳橋は渡辺金太郎かな、右女助は吉田邦重、小さんは小林盛夫、馬風は色川清太郎、さん馬は高安留吉、円鏡は市原虎之助、小円朝は芳村幸太郎、つばめは深津龍太郎、ネ、凄いだろう。

後の円窓、本名村田仙司は円生師匠の叔父に当たり、相撲とりで三段目までいったという。ふざけて〝師匠強いんですか〟に、あっという間に転がされた。相手は座ったままなのに。

柳亭市馬（柴田一）、橘家円太郎、柳家三語楼の弟子の柳家三寿が志ん生門下となって古今亭志ん好、そんなところか。

後はもう若手だ。馬の助、歌奴、三平、辞めた歌扇。鈴々舎馬次、この人は睡眠薬中毒で、若くして自殺。〝今薬を飲みました〟という電話が新宿の末広亭に入り、漫才の石田一雄さんが飛んでいったときは死んでいたそうな。

私の同僚は死んだ柳朝、小朝の師匠だ。現円蔵の円鏡、辞めた円歌門下の歌橘、この人が辞めてくれて俺はどれだけ助かったか、とは後年の円蔵の話。そして小さんの弟子で、私とは兄弟弟子である小春と小伸。当時珍しかった、いや落語界で初めての大学卒（国士舘）で小山三で二つ目、一緒に真打ちになって「柳家つばめ」。これは酒が強く、しかも顔に出ない。〝伸さん酔ってるの〟に〝酔ってます〟。面白くも何ともなかった。小春は小三太から「さん助」、いまだに生きている。高座に上がっているかな。

これねェ、何度も書いている噺家の名と昔の寄席の楽屋噺。御通家には〝またか〟であろうが、近頃、若いファンが増えていると聞く。知らねえだろう……。

生意気だからほう〲で喧嘩

小よし（私の前座名だ）……から二つ目で小ゑんとなり、早くも売れた。何しろ上手いのだから始末にワルイ。で、生意気だからほう〲で喧嘩ァしたネ。

円生師匠に怒られた。いや諭された。

「お前さんは、何ですよ、確かに噺は上手いが、高慢ちきだから、たとえ十のうち七

銀座で

当時住んでいた鵜の木の自宅で

あっても、評判が悪いから四から三に下がる。そこへいくと……」

下手の見本みたいな奴を例にとって、

「あの人は確かに噺は下手い。けど人柄がいいから芸は三でも人柄で四、五といき、お前さんを抜くんですよ……」

〝冗談いうな〟であった。人がよけりゃあそれでいいなら世話ァない。〝第一、手前えは何だ〟と思った。とにかく円生師、楽屋に連れてくる女性のセコいの何の、化け物みたいな代物だ。〝金ェ貰ってるんだよ〟と仲間内。

いい女を連れていたのは一龍斎貞丈先生ぐらいか。

小さん師匠はお内儀さんオンリーではなかったか。内儀さん怖いしあの顔だ。モテなかったろうし……。けど裏は知らないが、後年、二、三識っている。

ついでに書いておくと、俺に惚れていた東宝名人会の事務の女性が〝志ん生師匠に誘われた〟とさ。志ん生師匠、〝お茶を飲むだけでいいんだよ〟。驚いたネ、あのハゲ頭の老人が若い女性を誘うなんて。

後年、円生師匠に若い女性ができた。これを可愛がり、寄席に連れてきた。いっとくが、相手の女性の名は皆んな知っている。が書かない。別にもう時効だがネ。

で、円生師匠の女は楽屋で何のかんのというようになり、落語協会の会合で人形町末広に全員が集まったとき、文楽師匠にいわれた。〝いけませんよ、円生さん。楽屋にセコい女を連れ込んで〝……云々。

現在の「川柳」、当時のさん生が住み込みでいて円生師匠の日記を見たそうだ。妊娠したので堕ろす金を取られた……云々。

弟子は何をするか判らない。この野郎、テレビを横にして、寝ながら見ていて師匠に怒られた、とか。

タクシーに乗せたら芝の山門を通ったとき、〝何のかんのというけれど、兄さんは俺には敵わない〟。車を止めさせて、車から蹴り出してやった。

「困ったよ、夜中の三時に車から芝の山門に放り出されて、兄さん……」

〝騒せえ馬鹿野郎〟であった。

歌橘、全生（後の円楽）、さん生、勢蔵、勝弥、弟弟子の小助（後の柳亭燕路）。自殺した好生、こ奴は客の時代に着物を着て人形町末広の一番前に座り、円生目当てで待っている。嫌いな芸人が出ると、さっと喫煙室に行っちまう。これが露骨で都家かつ江が怒っていた。前座になってからどう対処したのかなア……。

今日の隆盛を誰が想像したか

過去に書いたものとダブると判っていながら、いろ〳〵と懐かしきこと、ま、未練ともいうが、それらを書いている。で、ここまでは私の所属していた「東京落語協会」の話で、一方に、睦会と落語協会からガラッポンをしたときにできた「日本芸術協会」がある。

長老左楽を別格に、会長の春風亭柳橋、本来は金語楼と組んでの協会作りだったが金語楼が売れに売れた。で、副会長の柳橋が会長に。ちなみに文楽も左楽の弟子だから芸術協会に行くべきところ、文楽は小文治が嫌いだったので落語協会に入った、と聞いた。

金語楼は『兵隊』で売った。その中で二等兵、いやその頃は二等卒といっていたらしいが、その歌に、

〽下士官の側行きゃ　メンコ（肩書き）くさい
　伍長勤務は生意気で
　粋な上等兵にゃ金がなァいィ

　可愛い新兵さんにゃ暇がない

　ナツョランナツョラン　ツララツーラッラ

レコードが売れまくった落語だ。

〝こら、貴様、何を唄っていたんだ〟云々と始まる、金語楼売り出しの『兵隊』。この歌の元歌は、なんと「青島節」なのである。

　で以下、小文治、大好きな向島の師匠の春風亭柳好、今輔、三木助、可楽、円馬、円遊、枝太郎。

若手で柳亭痴楽。この人の師匠は俗に「エへへの柳枝」といわれた七代目春風亭柳枝。言葉の前に〝エッヘッへ〟とつける癖があった。不味い顔をしていたけど面白く、受けた。

ある日、文楽に向かって〝兄さんはいいな、女にモテて〟というと、文楽師匠、〝一晩でいいから女の居ない夜が欲しい〟といったという話。私の友人マヒナスターズの松平直樹も、私に同様のことをいったっけ。ハワイアンの話に行くとまた長くなる。

ハワイアン、ウェスタン、いろ〳〵関わりあったもんだ。ウェスタンは名人ジミー時田、グズな野郎だったが唄はあの通り、ったってもう現在じゃ「ジミー」も判るまい。ディキシーは園田憲一とディキシーキングス、いけねえ〳〵、『やかん』が始まった。

芸術協会は以下、痴楽、米丸、伸治、柳昇、笑好、小柳。これらは先輩だが、小金治、このなかでも群を抜いていた。一緒に遊んだ前座は、いまノコギリ弾いて漫談を演ってる都家歌六、前座名は桂三多吉、よくつるんで歩いていた。彼は師匠三木助に嫌われ、円遊門下に移った。名古屋出身。演芸のコレクターでは日本一か。

今輔門下には延輔、桃輔。先輩に、辞めて末広の木戸に雇われていた今児。円遊門下になって喜円遊になり、柳枝門下で枝葉となって辞めたはず。背の小さい、江戸っ子を気取った奴だった。今の歌丸も俺と同期で今児だった。

芸術協会にはまだいる。桃太郎、助六等の師匠は他方で活躍。いや、桃太郎師匠は中学だったか高校だったか、正月、いわゆる初席に出ていて、弟と見に行った。満場の笑いを誘った。助六師匠は雷門五郎、踊りの名人、面白かったネ。至芸「あやつり人形の奴さん」は現在の助六が継いでいるはず。

ま、漏れた人もいるだろうが、こんなところが東京の噺家で、数が知れていた。今日の隆盛を誰が想像したろう。何せ今輔師匠は倅の健二郎さんを噺家にしたかったが、どうにも食えないので曲芸師にした、という。トリオで「キャンディボーイズ」。その頃の曲芸は、芸術協会の海老蔵・菊蔵、落語協会には小仙・小金。若手では染之助・染太郎。染之助さん、健在である。

丸一の（鏡味）健二郎さんとは過日、円蔵の女房せっちゃんの葬式で会った。まだ現役で、私が彼を好きなのをよく知っている。いい人だ。

何せ古いよ、日劇の三大踊りの初期にもうゲストで出ていた。で、後年今輔師匠はいったという、〝落語家にしときゃよかった〟とネ。

ちなみに今輔宅は黒門町、文楽師匠の家と露地を挟んで斜め前だ。私は元旦に、手拭いだけ持って形式的に挨拶に行っていた。

松鯉、桜洲に間に合ったのは幸福

ふと想い出したが、聴いておきたかった芸人は、落語では三語楼、五代目円生、講釈では何といっても神田伯龍、ムリでも錦城斎典山、「雪降りのチンコロ」と仇名された先々代、小金井芦洲等々、あまりにも多くある。

でも、生き残った二代目神田松鯉、小金井桜洲、邑井貞吉に間に合ったのは幸福とすべきか。邑井先生は寄席に出ていたし、松鯉先生とも個人的につき合いがあり、仕事も頼んだ。敬老会だった。高座の松鯉先生、〝お客は私より皆んな歳下だ〟と諧謔を飛ばした。落語では「余談」、後に「ギャグ」となるのだが、講釈側は「諧謔」と呼んだ。

私はこの三人の物真似ができるし、上手い。この人たちよりちょいと若い田辺南鶴、この人は元が落語家だったので話は面白かった。新作をよく演じた。『サーカスの女』など、結構なものだった。

上野本牧亭、日本唯一の講談定席は席亭の鈴本の娘さんが〝時代が終わった〟と、その会場を閉めた。

現在は女講釈師の全盛(?)である。楽屋にいたら手前えの女の弟子に、〝師匠、いま着物を着替えてますから、ちょっと部屋を出てください〟なんといわれたと、貞水だか誰かがいっていた。そりゃそうだ、いくら弟子でも若い女だ。師匠とはいえ男の前で裸ンなるわけにはいくまい。で、〝師匠ちょいと外に……〟とこうなる。時代である。

キャバレーで漫談。小ゑん時代

その頃の楽屋噺

その頃、寄席に出ていた「色物」と称する落語以外の芸人、想い出すままに書く。

何といっても惚れまくった奇術のアダチ龍光、先に書いた曲芸は染之助・染太郎と丸一の小仙・小金。

お鯉・鯉香、「女道楽」という女二人が三味線弾きながら掛け合い、唄う芸だ。鯉香さんが一人高座になって売れたが、下品な芸だった。落語協会の幹部に片っ端からカカせたという評判があった。

かつ江さんは元漫才、福丸・香津代、いい漫才だった。と聞いたが、私は知らない。ご亭主に死なれて一人高座、それに「一人トーキー」とユーモア作家の玉川一郎が名付けて、世の中の悪口をいわせたが面白くなかった。

楽屋では師匠連のイジる相手であり、〝かっちゃん、かっちゃん〟と呼ばれ、文楽師匠、円歌師匠などがシャレの相手に選んだ。

円歌師匠はトリのときには膝替わり（真打ちの前に上がる芸人）は都家と決まっていて、一席終わると普段は下座の三味線で踊っていたのを、もう一度都家を高座に呼んで、都家の三味線で踊った。で、その間々の掛け合いの上手さ、場内を爆笑の渦にたたき込んだ。

あまりにも受けた円歌師匠、〝かっちゃん、参ったよ〟と、都家の前に膝をついた。

「この野郎、膝をつけば顔が女のところに来ると思いやがって……」

楽屋ァバカ受け。

御亭主の福丸さんが亡くなり、娘を福丸にして福丸・香津代で一時演っていた。その亡き福丸の何年忌か、仲間が集まって故人の話。〝実は福丸は、あの女をカイて……〟なんという話が弾んだ。もう時効である、というこった。聞いた都家、〝ちっとも知らなかった。家ィ帰ったら仏壇メチャ〳〵にしてやる〟。

音曲師、演歌師、女道楽

当時の漫才界の第一人者であるリーガル千太・万吉、この二人が落語協会二代目会長の八代目文治宅に来たのをガキの前座だった私は見ている。つまり何か話があって文治宅にいたのだろう。

曲芸の東富士夫、この人のことを私は知らないが、東富士子という人の弟子で、兄弟子に東富士郎という、そこ〳〵名の通った演歌師がいた。この場合の「演歌師」

とは、現在でいう「演歌の歌手」に非ズ。バイオリンやアコーディオンを弾きながら唄う楽士であり、この人は、バイオリンを弾きながら、明治時代の書生節を唄っていた。

その唄を、なぎら健壱がギターで演っている。

〃ラーメチャンたら　ギッチョンチョンで　パイのパイのパイ〃と、何と「開かなかったパラシュート」を唄った。

〃おいお前、どこでその歌ァ覚えた〃と、なぎらにいったっけ。ま、曲が気に入ったということだろうが、小野巡の歌だ。私は小野さんに常陸大宮まで行って会っている。「音信はないか」「西湖の月」「泥濘あれど」等々。夫人はその出身地から「大宮小夜子」という名をつけた歌い手であった。小野さんのことを書くとまたキリがなくなる。12チャンネル（テレビ東京）に映像があるはずだ。

そういえば、東富士郎さんとは文通をしている。我が家に手紙が残っているかも知れないが、何処にあるかわからない。

我が家の練馬の家は資料だらけで手が付けられない。石原慎太郎に頼んだら〃「大江戸博物館」に持ってけよ〃で、持っていった。いや話をしに行ったが、とても駄目、相手は理解らないのだ。こうした悩みは、色川武大大兄にもあっただろうし、街の蒐集家の深刻な問題である。

昭和歌謡のレコードの蒐集家で、中野新橋でBARを開いてそれらを聴かせてくれていた吉野さんも亡くなった。現在、市馬がそれを預かっている。偉い奴だ。勿論、うちの志らくもよく知っている。弟子じゃ志らくだけだ。

アトランダムに、思いつくまま想い出を書き連ねる。

柳家さん八という肥ったおばさんが、ただ高座で三味線を弾いて唄っていた「キンライ節」等々。

柳家紫朝、新内語りで鶴賀喜代太夫、はじめ喜久次郎さんと二人で新内を演っていたが、文楽一門になり、桂文喜で音曲師となった。その後立ち上がって洋服姿で桂二三夫と称し、たいして似ていない歌の物真似、とても白山雅一とは競べものに……いや競べるものに非ズ。

で元に戻った、というか、三味線を持って立ち高座。音曲も漫談も落語も演った志ん好さんから取ったか、「蛙一ピョコ」や「両国の大津絵」を演っていた。

「両国の大津絵」といえば、音曲師柳家枝太郎で、「両国の枝太郎」と呼ばれた。で、その息子が春風亭柳枝。「お結構の勝っちゃん」と楽屋で呼われた八方美人の柳枝師匠。この人は何処へ出ても受けた。

「おい勝っちゃん、いい天気だネ」

「へい、左様で」

「曇ってるよ」

「左様ですか」

何でも〝結構〟で、「お結構の勝っちゃん」。本名島田勝巳の勝っちゃんである。

中学生の頃、何かの祝いでお祭りの屋台ができ、柳枝師匠が来た。一ヵ所演って、もう一つの会場に向けて歩いていた柳枝師匠。そこに並んで歩いた生意気なガキ、この俺だ。で、〝ねえ師匠、この次の場所で一つ『花色木綿』を演ってくださいよ〟。ガキのリクエストにちゃんと応えてくれたっけ。

この柳枝の父親、音曲師柳家枝太郎が得意としていた「両国の大津絵」は、〽来なんせな　おや来なんせな　来なんせ〱　黄な粉餅……というお馴染みの……いや、もう誰も知らないか。いや、そんなことはない。柳家小菊が紫朝の弟子ンなっていたから、時折唄っているはず。いまや彼女の十八番か。

この娘は楽屋に来たとき、可愛い子だったので〝気をつけなよ、バカばかりだから

石井伊吉（後の毒蝮三太夫）ら、役者たちと

三越劇場で、石井伊吉と

……〟と注意をしたことがあり、彼女はそれを〝覚えている〟という。

〝小菊どうしてる?〟〝何だか作家みたいのと付き合ってる〟といっていた奴がいた。〝よかった〟と思ったっけ。それが現在の立川流顧問の吉川潮である。今や小菊は音曲の、女道楽の後をまっとうに継いでいる芸人になった。

ちなみに最近、「うめ吉」というのを聞いたが、とても〳〵高座の芸に非ズ、ただの素人だ。それが寄席のいいところに上がっていると聞く。もっとも噺家も皆んな素人だから同じか。

おっと「両国」では橘家円太郎がよかった。

大物からセコ音曲まで

長唄の師匠連が作ったトリオで「三味線バロー」。宮田五郎をリーダーに柳四郎、岡三郎。宮田が抜けてアコーディオンの邦一郎を入れて「シャン・バロー」。これは芸術協会のほうだ。

この邦一郎の女きょうだいを馬風が彼女にしていた。彼女は、ビアホールでアコーディオンを弾いていた。一緒に旅に出た馬風、勿論先代だ。彼女のアコを持ってやり、一緒にいた一龍斎貞丈先生にいった、という。〝これからはハーモニカの女にしよう〟……。

寄席の名物に、会うと〝五拾銭ください〟の小半治、この人の音曲は尻切れトンボだったが、江戸前だ。円生師匠は彼のことを〝小半治は三好の後年を真似している〟といった。

柳家三好は本当の江戸前であった。これまた江戸前の文楽師匠がタレを取られた先代の志ん生、その頃は金原亭馬生か、俗に本名から「鶴本の志ん生」が、志ん好の立ち居振る舞いのすべてを真似た、といわれている。これまた粋の塊のような、作家吉井勇が描く三人の噺家の一人である、「めくらの小せん」「気狂い馬楽」、そして「鶴本の志ん生」……とネ。

私は小半治のネタを随分知っている、そっくりできる。でもこの人の「両国」は聴いたことはない。演らなかったのだと思う。〝いや演っていたよ、俺聞いてるよ〟とは藤浦敦さんの弁。いや「品川甚句」だったかも知れない。品川甚句、〽鴨八万羽出船が八百艘　入船八百艘……のあれである。これも小菊は演れるだろう。

上方でも一人きれいな人で若い音曲師を一度聴いたが、大変結構なものだった。どうしているか、小佐田定雄さんに聞くと判るかも……。

一つネタで過ごした石田一雄・八重子、さすがにあきた。死んだ好江ちゃんとよく演って遊んだ。内海好江である。桂子さん、まだ生きてケツカル。

セコ音曲の橘家米蔵は名古屋の幇間。名古屋時代には面倒をみた円鏡の弟子となり、〝昔は俺が随分面倒をみたのに……〟と愚痴っていた。

大物では「都上英二・東喜美江」、ラジオでお馴染み。

〽君と一緒に歌の旅　唄えば楽しユートピア
　昨日も今日も朗らかに　陽気な歌の二人旅
　ギター弾こよ　三味線弾こよ　弾けば一人で唄が出る

元歌は中野忠晴の「バンジョーで唄えば」であり、日本で初めてのジャズコーラス、〽山寺の　ボン〳〵　和尚さんは……とやり、「チャイナタンゴ」等々ヒット曲は多い。後に作曲家になりヒット曲もこれまた多く出している。

喜美江さんが三味で唄い、英二さんがギターを弾きながら頭に固定したハーモニカを吹いて四重奏か、これが受けた。ちなみにこれは大空ヒットもできる。ヒット・ますみという漫才コンビであった。ケーシー高峰は、自分はヒットさんの弟子だ、といっていた。ケーシーはいいネ。

ヒットさん、〝共産党だから嫌われ、仕事が減った〟という噂であった。『僕の弟』という、弟から来た手紙を読むネタが十八番。

漫才噺となると、これまたキリがないが、もう一つだけ、書いておく。

家元、高波志光児・光菊が好きだった。トランペットを吹きながら前に倒れるという芸で、ボン・サイトが後年これを覚えた。

落語協会には若手で女同士、東和子・西〆子。〆ちゃんは〝もう帰ろうよ〟でお馴染みの松鶴家千代若・千代菊の娘。和子さんは、都上英二・東喜美江の喜美江さんに先立たれた英二さんの後妻になり、二人で組んで英二・二代目喜美江として出た。喜美江さんは抜群、何でもできた女芸人だ。とても英二さんじゃあ保たず、自然に解消した。

和ちゃんも患った。見舞いに行ったら死の床に近かった。話はキチンとできたけど……。

もっと書けるがキリがない

一徳斎美蝶、「日本手品」と称ったが普段はいつも皿回し、たいした芸に非ズ。ときにはツナギを着て『馬鹿の釣り』を演った、パントマイムである。大阪の松葉家奴の真似だろう。

日本手品で日劇ミュージックホールに出たら、泉和助が〝なんだあれ、種明かしか〟といった。座布団の後ろから唐傘を出して見得を切るのだが、客に丸見え。女房だろうか、年ィ食った婆ァがもう一人の男と一緒に高座に。つまり三人だ。で、この婆ァの三味線と声の酷さったらなかった。

声色は、円歌門下の歌扇、後の歌太郎の親父の吉岡貫一がよかった。女形専門の山本ひさしと組んでラジオに出ていた。

悠玄亭玉介はダメ。玉介は、先代談志の弟子であった。

柳亭春楽、私が客の頃は「桂玉治」といって八代目文治の弟子。後に声色となって柳亭春楽を襲名した。大播磨、勘三郎（もしほ）、寿美蔵の寿海、猿之助「修禅寺物語」等、一つも似ていない。でも、そんなものか、とも思う。

何というか、俺でもできる。もっとも俺様、物真似は上手い。最近三平さんの絵に俺がセリフを入れていた映像（世に出ず。私が何故か断った）を聞いた。我ながら上手い。〝あれっ、三平さんか？　いや、確かに俺の物真似なのに〟……と、驚いた。

見ることは可能だ。過日、香葉ちゃんに話したら〝ぜひ見たい〟といってたっけ。探しゃ判る、どっかの会社にあるはずだ。

口のワルい柳家小せん、その頃は「古今亭甚語楼」になっていたか、春楽を評して、

「キミネエ、君のは声色じゃあないよ。あれは〝セリフ〟というんだよ」

甚語楼は志ん生の弟子だ。で、倒れたあと復帰した志ん生は、一旦幕を閉めて、弟子に負ぶさって高座に上がり、座ったところで幕を上げての高座だった。もう往年の元気はなく、いわゆるロレっていた。それを甚語楼、弟子でありながら、〝この乞食野郎、いくら銭が欲しいのか知らねえけど、よしゃいいのに……〟。

私は春楽さんの声色で、芝居のセリフを知った。「籠釣瓶花街酔醒」「盲長屋梅加賀鳶」「鈴ヶ森」「廓鞘当」「名古屋山三」と「曾我綉俠御所染」「楼門五三桐」等々。井上正夫の「大尉の娘」も演った。

その芸には、下座の太鼓等の伴奏がつき、水音、波、雨、風、山颪などを表現した。これらも前座の仕事の一つである。加えて、決めごとの太鼓があった。客を呼び込む「一番太鼓」「二番太鼓」、仲入りの「しゃぎり」、追い出し太鼓等、これらが上手かったのが今松、後に若くして死んだ馬の助、柳朝も上手かった。私ゃ、ま、そこ〳〵、三平さんはダメだった。

時折寄席に出ていた常磐津の式多津、つまり西川たつ、この人が橘之助譲りの「たぬき」を弾くとき、前座の太鼓がセコいと円生師匠が飛んできて、名人自ら太鼓を打った。西川さんは、円生師匠とできていた、昔があった。〝あの人には裏切られました〟と西川さんから直接に聞いた話である。原因、理由はいわなかっただけに、魂がこもっているようであった。

百面相の柳家小満んは、目が見えないのに吉田茂、ソビエトのマレンコフができた。出だしは童話の「花咲か爺」、トリは蛸の釜茹でから茹で上がりまで……。釜茹でを終わってほっとする。客は笑う。〝お客さんは笑ってますが、これを往来で演ったら松沢ですよ〟が落げ。「松沢」……判るかい？

漫談の新山悦朗、後に叶家洋月・春木艶子の艶子さんと漫才になり悦朗・艶子。悦朗さんは、後のミヤコ蝶々にもいろ〳〵教わったそうな。

その弟子のノリロー・トリローは若手で一時売れたが、その後パッとせず、私が落語協会に入れたが駄目だった。ノリの奴がズボラで、トリさんはいい人だった。これは私の後輩だ。

1963（昭和38）年7月31日、落語協会の成田詣で。師匠小さんの右上に

落語協会の色物噺を散々書いた。もっと〳〵この十倍は楽に在る。けどキリがない。

で、芸術協会はごく簡単に名前だけ……。

大好きな十返舎亀造・菊次、私にとってこの人たちとリーガル千太・万吉が贔屓で、寄席には出なかった若手の人気者、南道郎、国友昭二等々、いた〳〵。

寄席には「スイング・コント」と名乗った杉ひろし・まり、桜川ぴん助・美代鶴、踊りの「柳亭雛太郎」、漫談は牧野周一、山野一郎、いずれも活弁上がりだ。

色奴・小奴、色奴さんは戦前の女の噺家、小奴ちゃんは今の円歌がカイちゃった。

それに、博多人形・お鯉の女道楽、人形さんの三味線は絶品。檜山さくらは後に落語協会、元「大津お萬」一行で、その頃にハワイに行っている。このさくらさんと小さん師匠は……やめよう。

時折「御存知三亀松」と看板に書かせた柳家三亀松は、真打ちの後に出ていた。新宿末広の席亭北村銀太郎との間柄か、いつも楽屋でなく亭主の部屋に居たし、寄席もここだけ、鈴本や人形町末広には出なかった。

横浜、川崎、麻布の寄席

過去に存在した寄席のことを記しておく。

落語協会の成田詣で。京成電鉄の車中で、円鏡（後の円蔵、左）、志ん朝（中央）と

私が入門してから今日まで在るのは上野の鈴本演芸場、新宿末広亭、池袋演芸場。浅草演芸ホールも結構長いが、私が落語家になってからできたと記憶する。ことは別に、大宮デン助の劇団が出ていた、色物と軽演劇専門の浅草松竹演芸場、これは落語の両協会と関係がない。

浅草には国際通り三平食堂の上に、一時新宿末広亭が浅草末広亭と称して、わずかなあいだ営っていた。客が来なくて閉めたのではなく、何かトラブルがあったらしい。その末広の支配人をしていたのが北海道の「さん馬」という、パイプをいつも咥えていた人で、この人の赤坂の家に稽古に行ったことがある。

横浜演芸場は地下に在った。駅から屋根付き商店街屋で地下、その前が横浜日活。正月、客が入り口の窓を開け放したくらいの満員の客。映画は裕ちゃん「嵐を呼ぶ男」。ゲソ（笈田敏夫）、青山恭二を覚えている。裕ちゃんとゲソのドラム合戦。〽おいらはドラマー　やくざなドラマー　おいらが怒れば　嵐を呼ぶぜ……懐かしい。物のついでにもう一丁。ヒット曲の多かった裕次郎、家元は「街から街へつむじ風」がご贔屓。

小ゑんの頃か、伊吉（毒蝮三太夫）が服部哲治、稲吉靖、木下雅弘などと「劇団山王」にいた。今思うに、その頃できた劇団で現在残っているのは「四季」ぐらいか、

「テアトル・エコー」はどうなったか。在るだろう。文学座、民芸はそれ以前からあったが……。その「山王」の彼らが観に来たっけ。

横浜の手前の川崎演芸場は、パチンコ屋の奥に在って、西日が楽屋の廊下にモロに当たる。冷房も何もない頃、確か客席は畳で、この客席で客が一人という経験がある。夜九時になると街中に〝お休みなさい〟の音楽がかかる。真打ちはその前に終演ないと噺が客に聞こえなくなった。一階上にローラースケート場ができて、尻つぼみになって潰れた。よき支配人だったのに……。

麻布が現在のような街ではなかった頃、「十番倶楽部」という定席があった。今でいう町起こしか。これもダーメ、消えた。

前座でこの寄席の楽屋に行く途中、祭りか何かだろう、街頭で客を集めてクイズをやっている。「この曲は誰が唄ったか」という問題。かかっている曲は「十三夜」。客は〝榎本美佐江〟などといっている。〝違います〟とガキの俺。で、〝あの、この歌手の名を当てるとその景品が貰えるんで?〟〝そうです〟〝小笠原美都子だろう〟〝当たりです〟。

「十三夜」はその当時の榎本美佐江のヒット曲だったが、リメイクであり、元の歌い手を識っていたのがこの俺様。その頃からもう、懐メロに強い。ちなみにこの榎本美佐江、国鉄のエース金田正一と一緒になった。

寄席の浪曲師

浪曲の富士月子が特別出演で十番倶楽部に出ていたことがある。楽屋の噺家がいじめたのだろう。ある日、ベロン〳〵になって楽屋に入ってきたのを覚えている。何故か寄席の奴ァ、浪曲を嫌った。特に女浪曲師を。富士月子、上手い人だったのに。

天中軒富士子という若い女の浪曲師が、新宿末広亭の割と浅い（早い）時間に出た。持ち時間十五分くらいか。これでは満足に「外題付け」もできない。ネタに入るともう楽屋から長い〳〵と文句が出る。仕舞いに彼女、〝時間が来たら、柝を鳴らしてください〟といい、柝が鳴ると、いつでも降りたネ。頭に来たのだろう。この娘、武蔵の弟子の小武蔵の娘とか……。

新宿末広亭は、もとは末広亭清風という浪曲師の持っていた小屋だ。そんな関係もあったか、よく浪花節が出た。東武蔵、広沢菊春、あと若手で松葉薫。武蔵は寄席打ちの名人。〝何しろわたしが前座の頃、この人はもう真打ちなんですから〟……これ文楽師匠の弁。テープで今に残る「明石の夜嵐」、絶品である。私は武蔵に惚れて、千葉のお宅に伺った。もう引退した後で、その写真も我が家にある。

広沢菊春、現在の澤孝子の師匠で、私は可愛がられた。右女助、小さん、菊春の三人会、新宿の末広亭。どういう理由か、曲師が来ない。で菊春先生、トリで曲師なしで演った。見事であった。出し物は『首護送』。桜田門外に散った井伊直弼の首を何処かに持っていく、という内容。澤孝子に聞くと判るだろう。

菊春先生は「落語浪曲」を演った。意気込みが凄い。〝未来に、何でこの落語は節がついてないんだ、といわせてやる〟……。

可愛がられていたから、先生のカバンを平気で開けてネタ帳を出して見たネ。イロ〳〵あった中に何と『馬のす』とある。〝先生、これ、あの『馬のす』？〟〝そうだよ〟〝短すぎませんか？〟に、〝それがいろ〳〵文句が入ってな〟。だいたい講談、浪曲は平均三十分だ。それがこの『馬のす』、文楽師匠が時間がないときに演るが、八分のネタだ。それが三十分の演目となる。聴いてみたかった。

菊春先生は色男でモテ過ぎて早死にした、といわれたが、私が大阪に行ったときまだ出ていて、「広沢菊陽」と改めていた。姓名判断か、苦しかったのだろう。〝変えないほうがいいですよ〟ぐらいのことはいったろう……。

未亡人は九州熊本は八代か、そこで私が演ったとき、訪ねてきてくれた。生前は私の家に近い鵜の木に住んでいた。

山のようにある松井錦声の話

鵜の木には、日経新聞の小汀利得氏も住んでた。細川隆元との世相談義が人気で、後年これを野末陳平と真似て演った。そして、これはもう知るまい。鵜の木の駅前には、伊藤久哉という東映からデビューした俳優がいた。俳優座出身で、青山杉作の弟子。

で、小汀先生にインタビューしようと会社を訪れた。いろ〳〵喋って、〝近頃は若い奴らに、ロクなことをいう奴はいない。立川談志なんてェ奴もその一人で、あいつは……〟云々。で、〝あの、先生、立川談志ってのは私なんです〟に、先生〝あっそうか、いやこれは悪かった御免々々〟。

私は小汀先生の物真似ができる。

亡くなった松井錦声が、小汀・細川対談をよく真似た。上手かったが、奴も糖尿病で死んだ。目蒲線の奥沢の病院に入院したのを見舞いに行った。低血糖の薬を首から下げて一緒に外に出たっけ。〝オイ駅はこっちだぞ〟に、松井、違う方角に行っちゃった。〝あいつ、頭に来たんじゃねえか〟と俺。

松井の話は山のようにある。素人の物真似で局荒らしをして、ライバルに片岡鶴八がいた。

松井が物真似する相手は、絶品の貞山、貞丈、貞吉、先代貞山、馬琴、伯龍、伯鶴。後に「政界模写」と称して吉田茂、田中角栄、鈴木善幸、三木武夫、福田赳夫、渡辺美智雄、社会党の佐々木更三の東北弁、美濃部亮吉東京都知事、等々……。何でも演りやがった。

〝オイ、松井、「オマンコ刺す虫どんな虫」ってのがあるだろ、あれで物真似を演ってみろよ〟に、演りやがった。腹ァ抱えた。このアイディア、国会で気づいたのだから、失礼なもんだ。

余興に連れていき、これを演らせる。ちなみに松井、〝何か演れよ〟に〝演ってもよろしいんですか〟と嫌らしくなく下手に出る。物真似については、自分はあくまで素人上がりである、という自戒か。

〝田中角栄を〟と、俺。

「ま、このォ、政界のオマンコ突っつく虫は、どんな虫かてえと、このォ、頭が丸くて一つ目で、粋な鉢巻を締めまして根本に毛のある変な虫でございます」

これで片っ端から演る。〝アチャコで〟と頼んだときに偉かったのは、〝えー、そのオオメコ突っつく虫……〟と、見事に大阪弁になっていた。

どれほど松井に演らせたか。どこかにテープ、残ってないかなァ。生きている松井の弟に聞いたら、〝ないですよ〟との返事だった。ちなみに松井に演らせた替え歌ならぬ変え文句は、昔は声色使いといわれた人が演ったものだ。〝山寺の和尚さんは……〟とか、俗に「棚ダル」、〝あまりの辛気臭さに棚のダルマさんをちょいと降ろし……〟。これを「声帯模写」で〝月が出た〳〵　月が出た〟〝南国土佐を後にして〟などの現代に、ロッパが替えた。ロッパさんの話も山ほどあるが、別の機会にしよう。

物真似では桜井長一郎、木下華声、白山雅一。白山さんの韓国語の野球中継は、今のうちに録っておいたほうがいい。

外国語の真似では藤村有弘、これは超一流だった。

東宝演芸場と神田立花

放っておくと、何処まで行くか判らない。で、寄席の話に戻る。

三河島の駅前に在った、まつみ亭、千住の栗友亭、千葉の市川にあった鈴本。銀座の金春、早稲田の「ゆたか」はもう演ってなかった。

東宝名人会をやっていたのが東宝演芸場で、最初は日劇（注・千代田区有楽町にあった日本劇場の通称。一九八一年解体）の五階にあった。で、昼間には、「東宝笑和会」という、本物の名人会の予備軍たちの高座があった。

初席のトリは金馬。この師匠は、東宝名人会の専属であった。弟子の小金馬、金太郎、三遊亭きん平。きん平は、タア坊こと西川辰美、新聞に『おトラさん』を連載していた漫画家の実弟だ。金馬の死後、小さん門下になり柳家きん平。「笑点」の最初のメンバーにした。

金馬の死後、初席が小さんに替わり、その後がずっと立川談志でありました。橘右近はここでビラ字を書いていた。

神田の「立花亭」は須田町の角にあった。数年前に野末陳平とテレビのロケで行ったら、近所の人が〝ここが楽屋で、ここを通って高座に……〟と説明してくれた。おきくさんという下座の三味線を覚えている。後に志ん馬になった志ん吉は、この寄席に住み込んで前座修業をしていたことがある。

経営メンバーに、松内則三がいた。

〝神宮の森、カラスが三羽……〟と、野球中継の元祖、勿論相撲も喋った和田信賢が、ある日あるとき、先輩の松内さんの真似をしたら〝僕、そんなに下手じゃないよ〟。

これ、ラジオで聴いた話。

私は橘右近さんの書いた、神田立花の楽屋帳を持っている。勿論、盗んだのだ。中に歌笑（かしょう）の名もある珍品である。

私は蒐集家（マニア）だから種々な品がある。練馬の家にある。エジプトで買ったクレオパトラの「張り型」、「クレオパトラ」と、ちゃんとサインがしてある。島田紳助（しまだしんすけ）が司会をしていたテレビ番組、鑑定する番組から頼まれたとき、〝これを出す〟といったら断られた。で、出さなかった。

他にも、千利休（せんのりきゅう）の使ったコーヒーセット、カポネが持っていた花札、弘法（こうぼう）が選んだ筆、雷が締めていた虎の皮の褌（ふんどし）、あるぞォ、有るよ、ある〳〵、アリマスぞォ……。

と、これも過去に書いたが、久しぶりに書いた。

根津の六階の部屋で机の前。腰が痛いのに（激痛ではないが）、思い付くままに書いている。想い出のみだ。

毎度のことながら、資料も見ずに記憶だけで書いている。早い話が面倒臭いからだ。喋ったほうが楽ではあるが、それでは駄目なのだ。その代わり大変だ。何といったか、機械の、そうパソコンなんぞできないし。『現代落語論』とダブることも多いはずだが、いち〳〵気にしていりゃ書けないし、曰（いわ）ク、成り行き。

寄席に映画に音楽に、いろ〳〵書いてはいるが、現在の私に面白いものは何もない。

病後、それらを含めて世の中に対する興味は全くない。

医者から許された睡眠薬を夜の十一時頃に飲むが眠くはならないので、こんな昔（むかし）噺（ばなし）を書いている。腹は空（へ）るが、何も食いたきものもない。行きたいところもない。世界を含めてである。

第三章

いわゆる波乱万丈の人生だ

家族、家、仕事、交遊録

落ち目のときはドカンといく

我が家の遍歴を書く。

日比谷は第一生命のホールで働いていた栗栖則子と、恋愛結婚した。婚約者がいたから略奪というのかも知れない。まず結婚届が先、税金のことを考えてネ。

その頃から金銭感覚はしっかりしている。そのくせ時折ドカンといかれた。一千万円ずつ三回か。

一度は、テレビ局を失敗った友人のディレクターと同姓同名で、手紙を送ってきたその人物をてっきりディレクター氏と思い、会ってみたら違っていた。

面の感じがあまりよくない奴だったが、談志のファンであるというし、何かと世話を焼いてくれるし、まァ、そんなものかと信用した。

新宿駅西口の乱立したビルの一角にその人物が社長をつとめる会社が在り、社員も十数人いた。

「あのネ、師匠。百万円出しませんか。百倍になる株を出します。ま、インサイダー取引ギリ〱ですが、法的には大丈夫です」

学生時代の同級生に、銀座の「美弥」に来てもらって相談した。そいつは有名銀行

1961（昭和36）年、結婚披露の宴で。左は師匠柳家小さん。婚姻届は1960年

日比谷の第一生命ビルの屋上で、妻・則子と

のいいポジションにいた奴だ。そいつだけでなく、一緒に来た奴らも同様に、
「いい話ですよ。師匠にボーナスをくれたんじゃないですか？　私も一口（ひとくち）乗りたいですよ」
と真面目（マジ）でいう。嘘をいっているようには見えないし、また俺に嘘をつく理由もない。

で俺のことだ。百万円が一億円じゃあ面白くない。〝一千万が十億になるなら面白い〟と、一千万円を渡した。奴の会社で、である。奴は株券をくれた。その後一週間ばかりしたら、何となくオカシイと思うようになった。で、電話をしてみたが通じない。ビルに見に行ったら「店仕舞い」だ。それっきり。毒蝮（マムシ）は喜んだ。〝またかあ〟であった。

取り返した話もある。

女房の珍談奇談は後に書くが、早い話、世の中のことは何にも知らない人なのだ。精々（せいぜい）パチンコぐらいか。本当だよ。それがどういう弾（はず）みか、株に手を出した。彼女は俺の顔を見ると、〝パパ儲（もう）かった〟〝儲かるのよ〟〝パパ、バカみたい〟とキャア〳〵いっていたが、そのうちに静かになっちゃった。街で見た後ろ姿が何か淋（さび）しそうなの

で聞いた。

「株が下がっちゃったんだろう」

「そう」

「いくら取られた」

「一千万くらい……」

「よォし取り返してやる」

バブルが弾けて最低のときだ。

〝取り返してやる〟といっても、株のことなんざァ何も知らない俺だ。で株屋に聞いたネ。

「今一番下がっているのは何処だ」

「NTTです」

「よし、それ買った」
二、三千万円ぐらい買ったか。
あのネ、あたしゃそんなに金持ちじゃあないよ。これ、早い話がバクチ。

あっという間に回復、一千万円儲かったところで〝売ります〟。見事、取り返した。

私には「博打の論理」があって、自分が下っているとき、つまり落ち目のときにゃあ、〝ドカンと張らないと勝てない〟と決めている。

フロリダから乗った豪華船のカジノで二千ドル取られた娘の負けを、五千ドルを持っていって一発勝負で取り返したこともあったし、選挙のときも不利な自分を見て、これまた〝ドカンと張れ〟で金を使った。使ったとはいえタレント候補、たかが知れてるけどネ……。三十五歳のときだった。

石原慎太郎が百万円くれて、驚いたっけ。それが数年永田町にいると、〝何だ「三百万」か〟なんというようになる。

「絶対にこの暮らしを離すまい」

女性友達がいった。

「どんな人と結婚するの？」

「エンジェルだよ」

「そう、天使じゃ仕方ないネ」

世の中のことが何も判らない彼女と〝とりあえず二人が住む家〟と、牛込の柳町、後に光化学スモッグで東京一になる場所だ。そうと知っていたわけではないが、そこはやめ、中野の青梅街道沿いに借りた。何もない、家財道具も何もない。

長女・弓子と

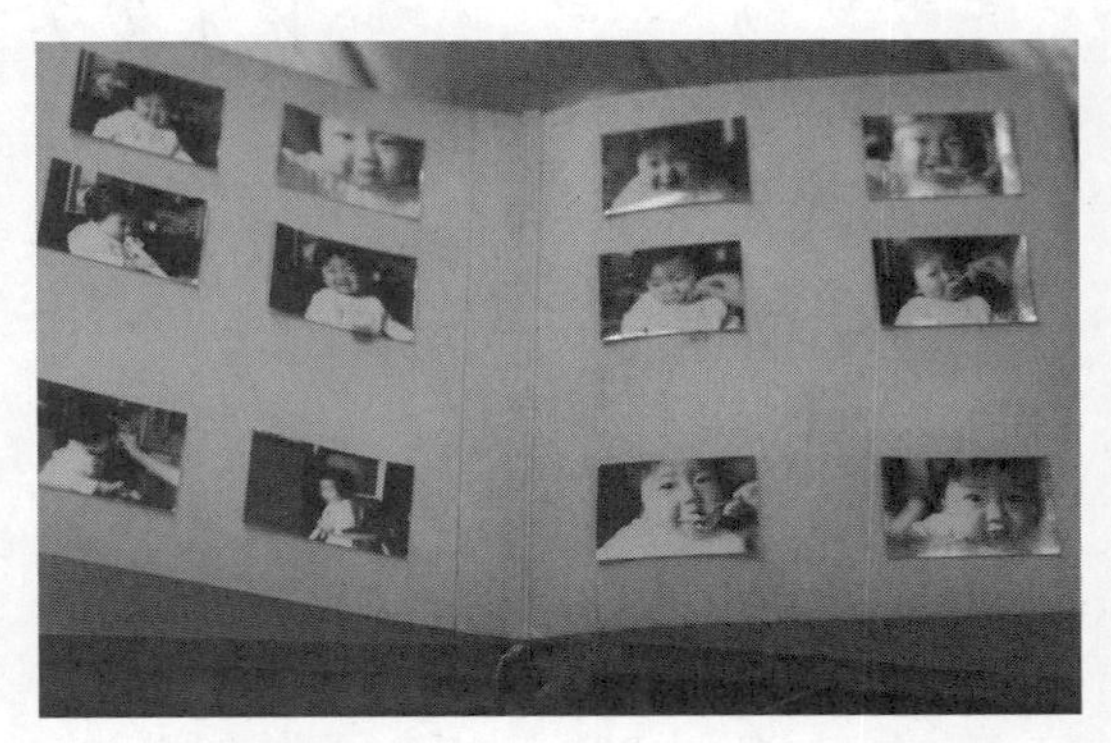

我が子の成長を記録した談志手作りのアルバム（撮影　阿久津知宏）

パンとビールを食べ物にして、彼女は第一生命に通い、俺は寄席とラジオ。出始めたテレビで朝早く、起き抜け漫談を十五分演(や)ったりもした。すぐにこの家も越して、目黒の元競馬場の小さなマンションへ（二階建て）。隣に画家の長尾(ながお)みのる氏がいた。向こうも新婚か、小柄な感じが我が家の女房に似た可愛(かわい)い人でありました。長尾さんには、私が最初に作った浴衣(ゆかた)のデザインを頼み、小生(しょうせい)の処女作の本の装丁(そうてい)もしていただいた。

家賃はチト高いし少し贅沢(ぜいたく)かと思ったが、〝いいや、絶対にこの暮らしを離すまい〟と、キザに心に誓(た)った。

家賃も溜めず、そのまま目黒の家で数年を過ごし、ジャリも生まれた。上が女の子で下が男の子。可愛いので、よく女の子を抱いて六本木を歩いた。ある夜、クレージーキャッツの犬塚弘(いぬづかひろし)に会い、怒鳴られた。〝バカ野郎、夜中の二時に、ガキを連れて飲んでる奴があるか……〟とネ。

「街は西に延びる」というが、その頃の若者は六本木を目ざした。開祖は加賀(かが)まりこあたりだったと記憶する。小さな悪魔のまりこ嬢、今年年賀状がきて、一(ひ)と言(こと)「まだですよ」とあった。今年一番の年賀状だった。

稼ぎはキャバレー

何せ、若い小ゑんの稼ぎはキャバレーだ。小野栄一の紹介で夜の東京を喋りまくった（八一頁写真）。開演は遅く、たいがい九時で、十時半ということもあった。ときには赤羽、大宮、西は横浜。帰りは蒲田駅西口で乗り合いタクシーの奪い合い。住居は鵜の木、昼は寄席、夜はキャバレー。おっと、鵜の木に住んでいたのは結婚前のこと、ちょいと話は前後する。

最初のギャラは千五百円。すぐ二千円となり五千円となった。「新世界」「白いばら」「ショーボート」「さくらめんと」「パイイチ」等の名も懐かしい。世はキャバレー全盛であったのだ。

クリスマスともなると、街中があの帽子にクラッカー、そこをスリ抜けての四ヵ所、五ヵ所のかけ持ち。ネタはナゾ掛け、お題噺、仕舞いにゃ漫談、クラブの女の口説き方、ギャン〳〵受けた。

何しろこういう世界だ、早い話が酒と女。キャバレーの女給に受けないと持たない。だいたいがストリップ、俺の漫談、ストリップの順で、もうストリップは飽きられていたのだろう。

盛りは過ぎたが、伊吹まり、グレース松原、吾妻京子、ジプシー・ローズ、R・テンプル、パール浜田、アリア・ローザ等の一流どころはいたが、場末のキャバレーじゃあ、そう有名なのは出ず。むしろ曲芸、手品、物真似、ショパン猪狩と鯉口潤一の東京コミックショウ等が受けていた。

そんなところで私のマイク一本、話芸一本、それが受けたのだ。三平も歌奴もいない、〝小ゑん一本〟の売れっ子で、地方都市も随分と回った。北海道から九州まで、回らないところはない。

内容は直接的でないと駄目で、頭の中で組み立てる小噺はダメ。早い話〝助平な客がそろってやんなァ〟と、このほうが強い。

キャバレーを回っていたのはいつ頃までか、そのうちにキャバレーそのものが夜の街から消えていった。

プロダクション遍歴

鵜の木、疎開、で、いろ〳〵とチョイでありの目黒時代。ここは割と長い。この家にいろ〳〵な人が来た。このアパートの外の階段に並んで撮った写真がある（次頁写真）。大阪から呼んだ文紅や小春団治、柳朝、米丸、笑福亭福郎、朝之助等々が写っ

新婚時代。目黒のアパートを訪れた落語家仲間と

ている。朝までに酔ってウクレレ抱いて唄っていたバカ野郎はさん生、今の川柳だ。

そんな頃か、〝そろ〳〵何処かに越すかあ〟で、マネージャーに探させた。

その頃マネージャーがいたのは、落語家で若手の俺だけだ。円歌師匠にのみ相馬さんという事務員がいた。〝困るんですよ、ウチの師匠は。地方に行ってお客が楽屋に来たときに、師匠は何がお好きなんです？……にいきなりコレですもの〟……形を見せないと解らない。両手でヤル仕草だ。勿論、洒落だがネ。

永田晃一という、何をしていたのだか、よくご馳走をしてくれる人がいた。いつの間にか、彼の「現代センター」という事務所に入っていた。ズル〳〵という感じだったネ。四人いたよ、俺を含めて。小野栄一、引田天功、シャンソンの戸川昌子。彼女は当時、「青い部屋」という店を青山でやっていて、その店に彼女自身もとき〴〵顔を出すといっていた。俺より年上だ。

後で聞いたら、この「現代センター」は、井出という田舎弁丸出しの奴が金を出して永田さんが営業していた、そうな……。そのときの知識と経験が後になって役立って「談志プロ」を自分でつくり、社長も大変だから〝お前も味わえ〟ってンで毒蝮に任せた。これが「まむしプロ」。

一時は、私、小さん師匠、小痴楽、小円遊の「笑点」勢、馬風等大勢いて、結構な力を持っていた。マネージャーは替わって通称「ロープ」、長縄満雄になった。私にかぶれた奴だった。奴は「フランキー堺とシティ・スリッカーズ」の「坊や」をした後に、私のところに来た。〃嫌だよ、こんな奴〃と初めて伊吉（毒蝮）が、高山栄らと麻雀をしていたときにいった。が、結局、こいつが俺にその後長く付くことになった。

事務員は女の子が二人いて、後に一人は弟子の左談次と結婚し、もう一人はGIANTSの新浦と一緒ンなった。彼が日本国籍を取るときに随分助けたっけ。韓国野球の初期に行き、帰ってきて大洋か、その投法は名人芸だった。背番号は28。

韓国のオールスター戦に新浦が投げる、というのでわざ〳〵観に行った。ソウルではなかった……独り旅だ。帰りに苦労して、長距離バスのソウル行きに乗って市内に戻った覚えがある。

プロダクションは、その後私の弟が経営ったが、失敗ったので、私が怒って倅にやらせて現在に至る。その名は「談志役場」。これを法人登録したとき、政府のどこからだったか、東京都からだったか、クレームが入った。〃喧え、この野郎。どこが一体悪いんだ〃が俺の弁。

いま、村長が俺で、助役が伜、出納係を伜の女房がやっている。

引っ越しの話にもどる。我が家を田園調布にしようか、と思った。多摩川べり、今だとハイウェイが多摩川に入る途中のなだらかな斜面、いいところだ。ところが井出という奴が、新宿に新築のマンションを見つけてきた。第一印象は〝喧え場所だ〟であった。だが紅灯の巷ではある。歩いて歌舞伎町まで十分ぐらいか。で、目黒から新宿に越した。

そのマンションは今も在る。〝在る〟ということは俺の物であり、借家ではないということだ。周囲には朝鮮人と支那人が暮らし、日本語学校も多い。一体何故に、あのあたりに居るのか判らない。

家を出ると、すぐそこには夜の街があって……と思ったものの、結局遊んだのは銀座、赤坂、六本木であった。森進一の「盛り場ブルース」だ。

可愛くって涙が出た

俺様は若く見えたせいもあり、世間では独り者で通っていた。自分から〝俺は独身だよ〟など、一度もいったことはない。世間は知らずのうちに独身だと思ったらしい。

目黒のとき、子供ができた。一番先の子は生まれてすぐに死んだ。日赤病院だった。行ったら病院の奴が、〝この子ですか、ナニ〳〵先生のミスだったのは〟と言やがった。ぶっ殺してやろうと思ったが我慢した。

顔を見た。きちんとした人間の子供の顔で、可愛くって涙が出た。〝そんなもの、精子が卵子と結合してできただけだ〟という、それまでの私の考えを越えた涙であった。〝これが人情というものか、肉親というものか〟と思った。

女房には見せなかった。〝気が狂うといけない〟と思い、嫌な言葉だが、闇から闇で終わった。今もそれが女房の胸の中にはあるらしい。

その子（男の子）は死産か、いや生まれて数時間生きていたのか……忘れようとしている。

その代わりに女の子を授かった。「弓子」と名付けた。昔、兵庫県知事、大好きな阪本勝先生の女の子が「小弓」といった。で「小弓」と付けようとしたが、何か真似のようでテレて「弓子」。大きくなって彼女曰ク〝小弓のほうがよかったのに〟。

次は男の子。二人とも目黒で生まれたが、どうやって育てたか、一つも覚えてない。生まれた病院も知らない。小学校も、中学校も知らない。女房が独りでやったのだろう。

「不良のほうが親孝行するよ」

二人とも小さくて可愛くて、姉は美人。一時は映画会社に狙われてテレビに出ていた。芸名を「松岡まこと」と称したがこの野郎、〝テレビは嫌だ〟とさ。〝自分の顔見てるだけで嫌なんだ〟〝ならやめちまえ〟で、一荒れあったが〝俺に任せろ〟で始末した。

エド山口とやっていた、TBSラジオだったか、ラストの番組を聞いた。彼女の歌は上手い。「ラブ・イズ・オーバー」といったか、覚えている。くどいがこ奴、歌手になれた。

娘は高校のときにグレた。その頃流行りの「積木くずし」というやつで、高校を中退して学校に行かず、家をよく空けた。警察を含め、いろ〳〵相談し、その頃買った練馬の家に泊めた（都心から離すためだ）がダーメ。

結局、家を出た。〝ワッ〟と泣き出した母親の〝あんたには人情ってのがないの……〟を背に、外に出ていった。

困って知人に電話をしたネ。まず不良の代表が加賀まりこ。まりこ嬢曰く〝不良の

2人の子と

ほうが親孝行するよ〟、山口洋子（やまぐちようこ）は〝バチが当たったんだ〟、田辺茂一（たなべもいち）は〝自分が反省しろ〟。結果は、まりこのいう通りになった。

いまだに若い。オーラがある、我が娘ながら見事だ。〝「マイ・フェア・レディ」、あんなもの散々（さんざん）してもらったよ〟だとさ。

彼女の手紙、本に載った文章にこんなものがある。二つあって、一つ目は二十歳のときに書いたもの。

・パンツ一丁（いっちょう）にアイマスク、新聞をもってトイレに行く。この姿がもっとも談志君らしい。

ゴルフはやらないが、腹筋運動はいつもしている。よく食べ、よく眠り、よく喋（しゃべ）る。冷蔵庫をあさるのが大好きな彼は年中冷蔵庫と戦っている。どこまで食べ切れるかが、課題のようである。談志君が冷蔵庫と格闘すると私がふだん見たこともないような食べ物が出て来る。これを次から次へとやっつけていくわけである。早い話が残飯整理、「冷蔵庫のあまり物の料理」と言う本を出せば、おもしろいと思う。一緒にノン君も参加する。ノン君というのは談志君の奥さんである。彼は奥様のことをいつもノン君と呼ぶ。彼はノン君が、あり合わせで作る食事を一番おいしいと思っているらしい。ついでに私もそう思っている。冷蔵庫がすいてきれいになるので気持がいいが、おかげで二人の腹はますます立派になってきた。

話は変るが、最近おもしろいことが二つあった。というよりも、おもしろい物が二つ出て来た。一つは、二十年前、談志君がノン君に贈ったラブレターである。ノン君は大事にしていて、今もしっかり残してあり、おかしの箱にいっぱいである。二、三通読んで見たが、どうも歯が浮くのでやめた。私はノン君に聞いてみた。「なんでこんなにラブレターが多いの。あまり逢えなかったの？」。「そんな事ないよ、いつも逢っていたよ」。「電話はあまりかかってこなかったの？」。「毎日かかってきたよ」という会話であった。つまり談志君は手紙を書くのが好きだったか、よっぽど暇だったんだなと思う。中には結婚してからのもあったが、談志君は、まめだったようである。

ノン君は彼の宝物であった。しかし今は宝物というよりも置物に近いかもしれない。われわれ子供達も、ノン君より大きくなり、またノン君の身長は、一五六センチほどなので、ノン君を我家の末っ子と呼ぶようになった。

もう一つおもしろい物は、めずらしく家族四人が集まった時に、談志君が持ってきた、十三、四年前のカセットテープだ。場所は今と同じ新宿のマンションの七階である。ここが昔からの我家であった。十数年前からあるテーブルに椅子、なぜかいる人間も同じ。変ったのは大きくなった男の子と、女の子と、ふけた二人。談志君がテープをまわした。するとまだ呂律が回りきらない、幼稚園の男の子と、生意気な小学生の女の子、それにヒステリー風のお母さんと、そのころ国会議員をしていた談志君なのだ。時間帯はどうやら朝みたいで、これから二人の子供達は学校へ父親は会社に行くみたいな感じである。「早くしないと遅れるわよ」。「気をつけて行くんだよ。でもお前が気をつけても馬鹿がいっぱいいるからね。うーん不可抗力だな」という具合に、普通っぽいこの感じが我家にとっては、とても新鮮だったようだ。

家庭で談志君の存在は、ほとんどフーテンの寅さんに近い。憎たらしいけど可愛いとても粋な人である。いまっぽくいうとシャイな人である。そして家庭と家族を一番大切にしているのも談志君である。それに比べると、ノン君と二人の子供達は、薄情なもので、談志君が何を言ってもしかとしているので、彼はいつも淋しそうな顔をしている。われわれ三人としては、相手にしないわけではないが、いつもうるさくなるので相手にしないだけなのである。

落語協会会長、古今亭志ん生宅で。参議院議員当選を報告

「笑点」の収録。初代司会をつとめる

そんな談志君に一度だけ殴られたことがある。私の顔をサンドバッグにして、パンチを連発させた。私の顔はロッキーのようになり、横でノン君は泣きわめいていた。殴られた理由は、最近はやりの積木くずし的行為を、自分から好んで行なったからである。しかし燃える闘魂談志君の健闘もむなしく、立直ることなく現在に至ってしまった。

しかしわが父は私に自由を与えてくれました。本当に、ありがとうございました。

あなたの娘は二十歳になりました。

もう一つは、結婚してから書いている。

やっぱり、私の結婚式の時のパパが、一番かわいかったなあ。仏滅の日に、式場を貸し切りでやったんだけど、パパったら三ポーズも衣装をもってきて、知らない間に着替えてんだから。紋付き袴(はかま)の次はアラブの民族衣装。最後はタキシード。新郎新婦よりお色直しが多い父親なんて聞いたことないでしょ。

パパは自称「儀式が似合わない男」で、冠婚葬祭が大嫌いだから、周りは機嫌を損なわないように、一生懸命気を使ったんだけど、この時はとにかく喜んじゃってね。アイデアが浮かんだと言っては電話をかけてきて、結局、前代未聞の披露宴になっちゃったの。

染之助・染太郎の「オメデトウゴザイマ〜ス」に始まって、レーザー光線が飛びかう中、箱から人が出たり消えたりのマジックショーはあるわ、デキシーの生バンドが演奏するわ、新郎新婦はすっかり蚊帳の外。これもパパの意見で、全員に使い捨てカメラを配ったもんだから、会場はまるで大撮影会。とにかく、楽しい結婚式だったよね。

昔、私、〝積み木くずし〟やってた時があってね。学校いかないでグレてたんですよね。芸能界に入っても、番組に遅れるわ、すっぽかすわ、放送禁止用語は言うわ……。まるで今のパパ状態を十八の娘が堂堂とやってたの。親の七光りはイヤだって、突っぱってたんだけど、思えば全部パパのまねしてたんだよね。

結婚後、私の新婚家庭に「勝手に生きてみろ」って書いた色紙をくれたので、今も部屋の壁に張ってあるんですよ。

よく聞かれたそうな。

「貴女の父親は何？　ヤクザ、土建屋、それとも政治家？　何ィ？」

「立川談志」

相手は妙な、納得したかのような顔をするとか……。

いま娘は銀座のバーを経営っている。店には出たり出なかったりのオーナーだ。

娘と一緒に銀座を歩いていると、私も若い。いつものジーンズ姿。大人同士の恋人に見える。

〝パパァ、死なないでェ〟という。

「ねえパパ、銀座一丁目に二十四階のマンションができた。買わない？」

「いいよ、買っとこう」

こういうところはあっさりしてる。一杯機嫌で銀座に帰るなんてオツだ。ただそれだけの理由で買ってある。二十四階の七階だ。冷蔵庫、ベッド、キッチン、全部そろえてくれた。けど、あまり行かない、月に一回くらいか。病気をしたら、あれほどマメだったのに出掛けないし、あれほどマメに料理を作っていた私が、まるでやらなくなった。何だろ、歳かね。

友人の小林勝彦が残したレーザーディスクやVTRが一室につまっていて、その他和室、洋間、寝室、キッチンと広い。娘にやるつもり也。ちなみに女房は一度も来ない。

娘ももう歳だが若い。カッコいい。外国いくと二十歳で通る。そのくせ物事は判っている。いい奴だ。

その娘が三十歳を過ぎて、生まれて初めて親父立川談志の落語を聴いた。文京シビックホール、楽屋に駆け込んで来ていったネ、〝パパァ、パパの落語、面白い〟。以来よく聴きに来ている。

今、この声だ。〝もう一度パパの落語、聴きたいな。死なないでネ〟……本来、物事を深刻にいわない奴に、こういわれるとネ……。

でも、もういい、もう何もすることはない。女房も〝人生充分生きたし〟というし、倅も判っている。その女房もシッカリしている。確か早大の出だ。落語も全部解っている。二人の子供（女の子）をキチンと育てている。娘も独りでバーを経営している。何の不足も文句もない。

倅は与太郎のモデル

娘の次に生まれた男の子は慎太郎。〝石原慎太郎に因んで付けたんですか？〟……そうじゃない。幕末の志士中岡慎太郎が好きで付けた名だ。

龍馬(りょうま)と一緒に京都の近江屋(おうみや)で襲われ、頭をやられた龍馬が〝慎太郎、俺はもう駄目だ、脳をやられた〟と中岡にいったという史実がある。

この子はママ似か、おとなしい子で、娘とは別な意味で可愛(かわい)い子、親なら当然か。ライオンの仔(こ)のように可愛かった。腹をつまんでも我慢している。で、俺が一曲唄い終わるまで耐えている。

三平さんのネタで、応援団のギャグがある。〽都の西北早稲田の森に……がメチャクチャになって、〽オウ、早稲田、明治、ソーセージ……というバカ〳〵しいのを歌う間、慎太郎の腹ァつまんで遊んでいた。〝早稲田、明治、ソーセージとくるとほっとした〟と、この子は言った。

何か食べているとき、脇から半分食っちゃう。と、普通の子なら〝取った〟と騒ぐのに、こ奴(やつ)は〝あんまり食べるとお腹(なか)こわすよ〟とごく普通にいう。持っていた千円札を洒落(しゃれ)で取り上げてもたいして抵抗しない。

慎太郎は遠足が大嫌い。駅（当時は大久保だった）まで送っていってやった。

「まァ、我慢して行ってこいよ」

「うん、帰る日が楽しみだしネ」

1969（昭和44）年、衆議院議員選挙（東京5区、落選）で、応援の円鏡（後の円蔵）と

1971（昭和46）年、参議院議員選挙（全国区、当選）で

ノンクン、そこ〳〵男性にモテる。いまだにモテる、というよりファンが多くいる。会うとみな、彼女が好きになるらしい。〝私って談志の女房だといわないほうがモテるのよ〟だとさ。で、この天使、毎晩飲んでいた時代があった。姉と弟の二人で、夜遅くまでママを待っていたっけ。

ちなみに私ゃ一つもガキのことで何かしてやったことはない。学校も知らない。一度も行ったこともない。

一度だけ、運動会があるというので、〝よし、大きなタレ幕を作って「ガンバレ慎太郎」と弟子にやらせろ〟といった。そんなとき、慎太郎は〝やめてくれ〟とはいわない。〝よしてくれねえかなァ。でもそういってもやりそうだし〟とブツ〳〵いっているだけだった。結果、やらなかった。

慎太郎のことは一度も怒ったことがない。怒らせるようなことをしない。これは姉も同じ。家出の一件のときのみ。

ある日伜（せがれ）は〝大学をやめる〟という。

「何で」

「先生の講義がツマラナイ」

〝何を理由にそういうんだ〟に、

「パパの話のほうがずっと面白い」

〝だけど友達ができるだろう〟に、

「まァ、損得のない友達は中学一年までだな」

「誰も嫁に来ないよ」

「何とかなるよ」

〝親が金を持っているから、別に働くことはない。食うくらいは何とかなるよ〟といっていたから、こ奴(やつ)は何もしない。家庭用ゲームを独りでやって時を過ごしていた。

二十歳(はたち)になって〝俺、今日初めて玉子割ったよ。やればできるネ〟だと。

おとなしい子、見ようによっちゃあ与太郎(よたろう)だ。

後年の立川談志の与太郎は、こ奴がモデルだ。

そういやァ、石原慎太郎とも多く会っている。最近のハナシであります。

姉弟がいささか大きくなって、といっても小学生か。〝自転車を買ってほしい〟〝ダメ、危ないから〟〝僕たちはきちんと信号を守るし、大丈夫だい〟〝ダメ、お前らはちやんとしても世の中ァ馬鹿が多いから、どんな事故が起きるか判らない。まして、小滝橋通りは交通量が激しい。もしお前らが事故にあったら俺はどうする〃。で、やめ。二人とも、いまだに自転車には乗れないはずだ。勿論、俺も持っていないし、乗ったことは一度もない。

一戸建てには誰も住まず

過去にも書いたが、練馬の家のことを書いておこう。

慎太郎がまだジャリだった頃、義理で建て売り住宅を見に連れていった。そしたらこの倅が〝僕、今晩ここに泊まりたい〃という。可哀相になり、翌日、大蔵大臣のところに金を借りに行った。大平正芳さんだ。

「ねえ、金ェ貸してくれませんか」

「いくら?」

「一千万」

「一千万?　何するの」

「家を買うんです」

「家を……?　なら一千万じゃ買えんだろ」

参議院の議員会館で

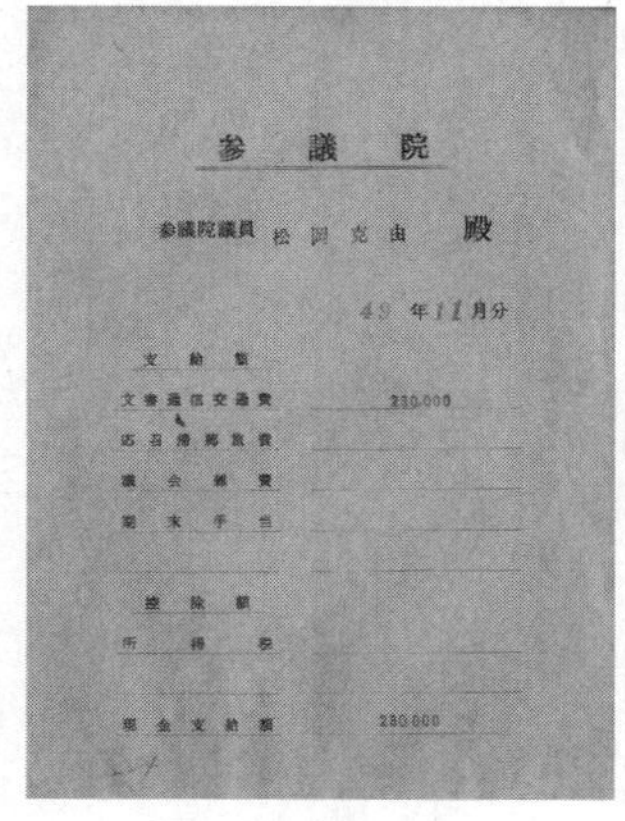

参　議　院

参議院議員　松岡克由　殿

49年11月分

支給額	
文書通信交通費	230,000
応召帰郷旅費	
議会雑費	
期末手当	
控除額	
所得税	
現金支給額	230,000

沖縄開発政務次官

参議院議員

松岡克由

議員時代の支給袋と名刺

「じゃあ二千万……」

「二千万でも……」

結果、三千万円を借りた。振り込まれた金を確認したら、利子が付いている。頭に来て一杯引っかけて大臣室に行った。

「あのネ、大平さん、俺ね、こんなことといったって仕方がないが、今まで他人に金を借りたことなんぞないんだよ（これ本当）。その江戸っ子が借りに来てるのに、この利子は一体何なんです？ 利子の付く金なら、どこからでも借りられますよ」

この文句に対しての、大平さんの答えの凄さ。

「いや〳〵、悪かった〳〵。いやネ、利子を付けないと君のプライドにさわると思ったんだ……」

お見事、参った。現在の政治家にこんな文句がいえるかネ。ついでにいうと、私の知る総理では、麻生太郎が一番ギャグが判った。

で、買った練馬の家の部屋数は、一階が五つ、二階が四つ、百坪以上ある大きな家だ。隣はスーパーいなげや。バスも通って便利なところだ。

庭の桜は見事な八重だ。並の八重と違って、ギッチリと花を付ける。一つ〳〵の花が俺に話しかけてくる。あまりに太くて大きくて、すべての花の一つ〳〵には挨拶できないが、全部に〝ありがとうネ〟と声をかける。二階のベランダは花のトンネルである。通る人も立ち止まり見上げている。

ところが、である。家を買ったはいいが、家族は誰も来ない。一家そろって〝嫌だ〟という。女房はその理由に〝伊勢丹が遠くなる〟とさ。

我が家の朝は遅い。何せ、銀行が間に合わないのだ。仕舞いにゃ伊勢丹も間に合わなくなった。

家の前にNHKができた

家なんぞ狭くていい。東京人は借家で充分、田舎っぺいが大きな家を構えたがる、といっていたが、新宿の家はあまりにも狭い。ガキがいたし女房もいるから、原稿を書いたり休んだりのために、サテライトだ……というわけで、原宿はNHKの前に自分のための家を借りた。いや、俺の借家の前にあとからNHKができた。

私は内幸町のNHKの記憶はあまりないが、出ていたことは確かだ。「歌のグランド・ショー」では、金井克子、世志凡太、アントニオ古賀等と、日曜のゴールデンタイムで演った。もう一本、「まんが学校」という現在のやなせたかしさん、女優の坂本眸さんと週一回。手塚治虫さんがよく来てくれた。やなせさんが頼んだゲストだ（一四七頁写真）。

後年聞いたら、手塚先生、テレビに出るのが好きだったとか。私に抱かれた我が家の女の子と先生が一緒に写っている写真を持っている（一五七頁写真）。「手塚先生」といったり、「手塚さん」になったり、ということは、その中間の存在ということか。

何せ私は、〝私も〟かな、『新宝島』に猛烈なショックを受けた一人で、『ロスト・ワールド』『ターザンの秘密基地』『ジャングル大帝』しかりだ。アメリカ映画「ミクロの決死圏」は、手塚マンガにそっくり、まるっきりそのまんま。

で、『ジャングル大帝』で、最後にレオか、子供のライオンがイカダに乗って川を上っていくシーンがあり、〝先生、あれは逆でしょう〟といったっけ。後に、先生からセル画を数十枚貰ったが、遊びに来た女の子に順にやっちゃった。〝惜しいことをしたな、今持ってりゃ大変だよ〟といわれたが、時すでに遅し。

同じNHKで週二つの番組を持つのは禁止ということなので「歌のグランド・ショー」は途中で降りたが、この番組でNHKの地方中央局に行ったもんだ。札幌、仙台、名古屋、大阪、広島、徳島いや松山か、九州はどこだったか、当然博多であったろう。

参議院議員時代に佐藤栄作首相と。撮影は三塚博衆議院議員

広島の原爆記念館ではその〝悲惨〟に目をそらした記憶がある。

よく「原爆記念日」ともなると、吉永小百合というバカが群衆の前で弔文を読んだ。

〝安らかにお眠りください〟云々、〝二度と戦争はいたしません〟等々。

このヤロウ、正義ぶってるが、たとえ原爆が使われたとしても日本が勝っていたら、こんな文句を言ったのかネ。言えやしまい。

与謝野晶子は弟を想い、「君死にたまふことなかれ……」と歌い、日本中から国賊といわれたのだ。その深さ、本物に比べたら、薄っぺらだ。

ついでに、夫君鉄幹の歌を覚えている。

「神無月伊藤哈爾濱に狙撃さる
　　この電報の聞きのよろしき」

好きな歌だ。

想い出の詰まった「漫画読本」

「ねえ、談志さん（「小ゑん」かな?）。漫画家っていうのは、自分のアイディアで描いた面白い作品を新聞社に持っていって〝いくら〟ということなのですが、近頃何と、このコップに絵を描いてください、この団扇に……と頼みにくるんですよ」

「いいじゃないですか、請け合えば。金になるんでしょ？」

「勿論、そうですがネ」

何か割り切れない顔をしていた、やなせさん。それがまさか、あの『アンパンマン』になるとは……。

私の好きな漫画家は、昔は清水対岳坊、島田啓三、その後、佐藤六朗、加藤芳郎、荻原賢次。

佐藤の『動物の母と子』『キングサイズペット』、荻賢の武士漫画、天才加藤芳郎の数々の作、なかでも『オレはオバケだぞ』はよくできている。

行水に男がつかっている。そこに殺気、お化けが出てきた。胸に槍、剣のようなものが生えている。驚く行水の男に幽霊の奴は命令する、〃大根を持ってこい〃。で持ってくると、〃それで俺の胸を擦れ〃〃何だ大根おろしのお化けだ〃。

一コマ、二コマ、八コマ等いろ〳〵あるが、一コマ漫画はやはり芳郎。強盗とおぼしき男がエムボタンからピストルを出して〃笑うと撃つぞ〃。あまりの見事さに、〃先生、あれいいなア〃に芳郎氏、〃じゃあ描いてあげるよ〃と、後日、同じ漫画を描いて送ってきてくれた。それも我が家にある。クレオパトラの張り型と一緒に。

近藤日出造、横山隆一、横山泰三、杉浦幸雄、西川辰美、長谷川町子、改田昌直、境田昭造。

境田との話は山ほどあるが、一つだけ。奴の家があったところはハイウェイ、国会の近くだ。で、そのハイウェイの真ん中に寝転んで二人で喋った。車なんか一台も通らなかった。そんな時代があったのだ。

でネ、奴の家には地下室があって、そこに奴の友人の司馬遼太郎が遊びに来て、二人で天井見ながら司馬遼がいったという。

「俺は将来に日本一の作家になる。お前、そう思わないか」

奴ァそんなこと、いってたよ。

その頃の想い出の詰まった「漫画読本」が、全部練馬の我が家にある。確か、現金馬に貰ったのだ。〝俺、不要ねえんだけどさ、持ってく?〟に、〝ああ、喜んで貰うよ〟で置いてある。

手塚さんの漫画映画、アニメに二度声で出ている。一本は「ジャングル大帝　劇場版」のハム・エッグの役で、評判がよかった。「千夜一夜物語」にも出ている。

あの膨大な天才の作品、中から一つといわれると、『雨ふり小僧』をあげる。他には『ばるぼら』『IL』『人間昆虫記』等々。

NHKテレビ「まんが学校」の収録、やなせたかしと

同上、「鉄腕談志」を手塚治虫から贈られる

手塚さんとの想い出は、文字どおり山ほどある。最後は私のパーティ、立川流を作ったときか。白いとっくりのセーターに例のベレー。で、舞台の私に向かって入り口で手を振ってくれた。それが今生の別れであった。

我が家の練馬の本棚には、手塚作品のほとんどがある。

ついでに活字の本で好きなのは、岡本綺堂に子母沢寛。『おとこ鷹』『弥太郎笠』の子母沢寛に、『半七捕物帳』の綺堂。江戸弁があり、江戸がそこに見えるからだ。

『おとこ鷹』、勝麟太郎が、父小吉譲りの〝らちもねえわさ〟、お主でなく〝お主〟等々、堪らない。

『弥太郎笠』は、一席喋れる。中に出てくる「桑山盛助」……なんといっても、識る人もいまい。

目の前が真っ暗

そうだ、家のこった。鵜の木から目黒、新宿とまで書いたネ。でNHKの前のアパート、そこの家主と喧嘩ァして、歌手の友竹正則が持っていた原宿の秀和レジデンスの二階だか、三階だかを借りた。

あるとき、ふと塀越しに隣の庭を見たら久保さんがいた。彼は柳家三亀松の伴奏をしたピアノ弾きで、久保チエミの父親だ。久保チエミとは、少女歌手江利チエミのことで、この人も芸人の娘らしい気配りのいい人で、漫才一家から出た森サカエに似ているところがある。森サカエは、森信子・秀子姉妹のまた妹だ。原宿の秀和がありながら、何かの縁で新橋駅近くのアパート。で、さらに〝人を集めるために宣伝で入ってくれ〟と頼まれ、浅草のアパートに入ったところまでは書いたネ。

そうこうしているうちに、女房ががんになった。目の前が真っ暗になった。子宮がんという。本来なら病院に住みたかったがそうもいかず、〝なら一番近い所を探せ〟〝日本医科大学にともかく近いところを探せ〟と、結果、今のマンションになった。風向きも陽当たりも、どうでもいい。とにかく病院に近い所で決めたのが今の根津のマンションだ。

階下は煎餅屋「八重垣煎餅」。この家にどれほど世話ンなったか。いい親父なのだ。志ん生の『後生鰻』を想い出す。〝お前はいいところに店を出したなァ。あの客はいいよォ。俺、あの客付きでお前の店を買おう〟、それに近い。

で、病院。例の〝下ってるときはドカンといく〟という「博打の理論」で、女房を最高の部屋にぶっ込んだ。六ヵ月くらい入っていたが、結果は奇跡的に助かった。

病中の女房に俺は何もしてやらなかった。第一、子宮がんの生理的病状を知らない。家族が呼ばれて女房の病状を聞かされた。だいたい家族が呼ばれりゃ、もう終わり。いろ〳〵話があって、〝じゃあ駄目じゃないですか〟と医者ァ問い詰めたら、〝そうです〟。その内容を別の医者に言ったら〝ちょっとおかしい説明だなァ〟。その言葉にすがった。

彼女はまだ五十歳前だった。そのとき、彼女もベッドで運ばれて一緒に聞いていたが、別段反応もなし。何の話か判らなかったらしい。偉い人だ。

執刀医が荒木教授、その下に澤さんという二枚目の医者がいて、彼は現在も日本医大にいる。時折会う。

我が家の病気は高野さんという医者との出会いから始まり、彼は当時、日医大の教授で心臓病の大家。〝最後は俺のところへ来るよ〟といったが、俺は別段心臓は悪くないし、気にも留めなかったが、今回の俺の入院は、全部高野さんが仕切ってくれた。「命の恩人」である。

惚気だが

女房の父親は読売新聞の浦和支局長。母親と北海道で一緒になり、彼女は札幌生まれで札幌育ち。姉道子、則子（女房）、元子、しげり、かおるという女五人姉妹。彼女はノコちゃんと呼ばれて育ち、五人とも健在である。みなよき人たちである。長い人生で、もうそれぞれ孫もいるのに、トラブルは一つもなし。

彼女、栗栖則子は可愛い娘だったのに、どこを受けても就職はダメ。それで第一生命ホールで働くようになった。そこで俺と出合うわけだが、アトランダムにあげると、「若手落語会」「試写室」、「文学座」つまり杉村春子一座などを彼女の好意で見せてもらい、後年、文学座の芥川比呂志ともよく飲むようになった。

あるときふざけて彼女におぶさってみたが、折れそうなのですぐやめた。といって、痩せた女性ではなかった。なんだったのか。いわゆる華奢だったのか。小さな可愛い宝物でありました。いまだにネ……。

彼女に書いたラブレターは山ほどあるし、勿論、私も貰った。それらは我が家に在り、娘がそれを読んで引っくり返って笑って受けていたっけ。ごく最近のことだ。惚気だが、彼女の頰を触ったとき、〝今まで生きてきて、こんな柔らかいものに触れたことがなかった〟。

女房はずっと若い。普通妊娠すると妊婦独特の顔になるのに、この人はならない。

少女のままだった。本名が栗栖則子だから「クリちゃん」と呼っていたが、毒蝮が結婚し、相手が栗原操、そこで「クリちゃん」と「イヨクリちゃん」（毒蝮の本名が石井伊吉なので）と分けていたが、いつしか我が家は「ノンクン」、毒蝮のところが「クリちゃん」になって今日に至っている。

二人でピクニックに行ったとき、彼女は〝餃子を初めて食べさせてもらった〟というし、人形町末広の近く、交差点のところにあった「喜々川亭」で二人で鰻を食べたときにも、彼女は〝初めての鰻だった〟。男性女性二人で行くと、男は千五百円、女は千三百円だった。我ながら凄い記憶力だネ。

懐かしい人形町界隈。料亭の「浜田屋」、鶏の「玉ひで」、そしてダンスホールも在ったが、前座が食べられるような店は一軒もなかったっけ。

文句はない

家には「則子語録」という袋がある。彼女の凄いフレーズを書いて入れてある。たとえば、こんな語録。

ハワイへ行ったとな。明け方の太陽をホテルのベランダで待った。同室の友人が言った。

「ノンクン、何しているの？」

「今ネ、太陽が昇るところを待ってるの」

「もう向こうに出てるわよ」

つまり、太陽が西に沈んだから、また西から出てくるものと思ったらしい。〝ちょっと恥かいちゃった〟とサ。

私は我が家の金銭にはタッチしない。どうぞ勝手に使いな、である。ふとアメリカの小噺（こばなし）を想い出した。

「うるさいわねェ。確かに貴男（あなた）のいう通り、私は貴男の稼いできてくれるお金をガブ〳〵使うわよ。でも別に、何も道楽はしていないじゃない……」

ま、我が家の女房にもどっか似ている。

プロレスのキラー・カンの紹介で、袋づめになったマコモを部屋がいっぱいになるほど買った。〝身体にいい〟とさ。これは邪魔だから、さすがに返した。

「慎ちゃん（倅（せがれ）のことだ）に一億円をやって、家から出しちゃおうか」

倅は別に悪いことをしたわけではないのに、何だろう。それにしても一億円は凄い。

銀行のカードを持っていて、あるとき、金を下ろしに行って困ったという。

「番号は知っているけど、符牒(ふちょう)を忘れちゃったの」

つまり、暗証番号８０８３は覚えているが、それを覚えるために付けた符牒「や・お・や・さん」を忘れて金を下ろせないとさ。

「北海道はこっちにあるんだよ」

「ワカラナイ。行ったことがないから。第一、ここから見えないし」

近所のスーパーの商品のことは知っているが、世間のことはいっさい自分とは関係がないらしい。

政治家のパーティで栗原祐幸(くりはらゆうこう)氏と話していたら入ってきて、栗原氏に向かって、

〝お宅は参議院ですか〟〝いえ違います。衆議院です〟〝衆議院の全国区ですか〟……。

困ったネ。

ついでにいうと、いまNHKのラジオで演っている「新・話の泉」は、私と栗原さんのご子息で作ったものだ。

「ねえ、パパ、眠れないから枕元で落語演って」

布団に入っている彼女の枕元で立川談志、落語立川流家元、一席演っているそのうちに、気持ちよさそうに眠っちまう。贅沢なもんだ。ちなみに、落語のことはほとんど知らない。

弟子を呼びつけにすることは絶対にしない。用事も頼まない。弟子は弟子、私の弟子なのだ。女房の弟子ではない。

この当たり前のことが寄席の世界、芸人の中ではまず判っていない。弟子は師匠の弟子であると同時に、師匠の女房の弟子になってしまっている。その最悪が志ん朝の女房で、「妲己」と仇名されている。この女房のあまりの酷さに弟子の一人は可哀相にどれだけ辞めようとしたか。師匠の志ん朝が死んで、やっと解放されて噺家を続けられるようになった。

我が立川流の弟子は、幸福である。ま、芸には厳しいがネ。これ、当たり前……。

我が女房に文句はない。

マムシ、グラン浜田、キラー・カン

親しかった連中のことも、書いておくか。

我が女房と仲がいいのが、マムシの女房だ。お互い、若い時分から家族も含めた付き合いだし、とにかくマムシって奴ァ、面白い。プロの俺様、めったに笑わないこの俺が、引っくり返って笑う。

マムシのこたァ過去散々書いたが、有名な話に「旗出し」がある。昔からある寄席の大喜利用のゲームで、紅白の旗を持たせて司会がいう。〝ハイ、白出して〟〝白引っ込めて赤出して〟〝赤出さずに白出さず〟……段々込み入ってきてまごつくという、四、五人並ばせて遊ぶ単純な寄席のお遊びだ。

私は、これが全部できちまう、というショウを考えて演り、受けた。マムシの奴ァ、これを海の獣で演らせるという。トド、ラッコ、セイウチ、オットセイと並べてやるという。

〝ハイ、トド出たり〟、これはいい。〝ラッコ出ないでセイウチ出る〟、ラッコの奴は〝アレ、俺は違ったかな〟という顔をして引っ込むのだそうな。実際にできるわけは

キラー・カン（右）、グラン浜田（中央）に抱かれた長女・弓子、長男・慎太郎と

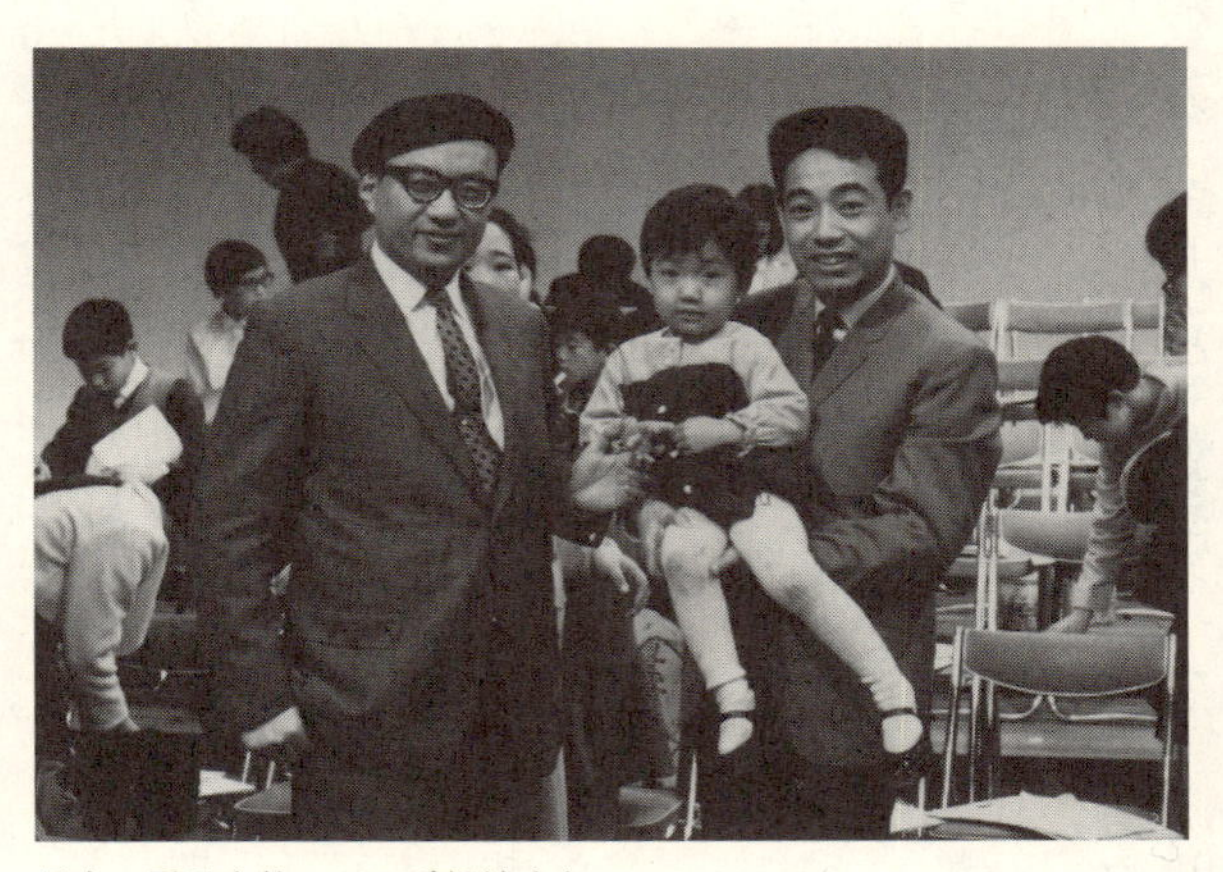

長女・弓子を抱いて、手塚治虫と

ないが、〝トド出たり〟のフレーズに引っくり返って笑った。

若手、青年俳優として「二人だけの橋」でいい役をしていたのを俺が笑いの世界に引っ張り込んだ。師匠連は抵抗なくマムシを仲間に入れてくれた。見ていると寄席芸人に近い。

奴とは古い。奴のことは『談志受け咄』に書いた。

今思うと、よく本を出したよ。何十冊か、もう判らない。強いていうと、『眠れなくなるお伽咄』『談志楽屋噺』が面白い。その頃は缶詰めと称してホテル住まい。赤坂東急、京王プラザ、赤プリ、オータニ、帝国……都内のホテルに泊まり歩いていた。

ホテルといえば……と、またここで話が広がるネ。

那須のロイヤルセンターに一家で行ったことがある。至れりつくせりの接待で、ちょうどそこに来ていた、まだできたばかりの新日本プロレスの連中と合流したっけ。藤波辰巳（後の辰爾）、リトル浜田（後のグラン浜田）、小沢将志（後のキラー・カン）等々。

浜田はグラン浜田と称して小柄。彼は早い話、リングの曲芸師だ。ミル・マスカラスとの死闘の数々。我が家にビデオテープがある。高下駄と半纏を送ったっけ。浜田の奴は、それを着けてリングに上がった。六人が空中でぶつかる。〝どこに落ちるかが大変ですよ。うっかり鉄棒の上なんぞに落ちたら大変。落ちながら探すんだ〟とさ。ギャラがいいので受けたら相手は「ヒョウ」だったとか。もちろん檻の中でやるんだが、〝ヒョウのバックは取りにくい〟とさ。

その後、小沢も人気が上がってきて、〝ニューヨークでメインをとります〟と電話がきた。マジソン・スクウェア・ガーデンだ。アンドレ・ザ・ジャイアントの足を折ったというのが売れた理由だが、アンドレの素顔は、人のいい大男であった。キラー・カンは現在、新宿で飲み屋をやっている。一度寄ってやってください、安い店だ。ちなみに彼は相撲上がり、春日野部屋の出身だ。バクチはやってたか……。

「小さん・談志の喧嘩」ではない

今までどれだけの有名人と会っただろう。

同じアパートに、評論家の俵孝太郎・萌子の夫妻が住んでいたことがある。厳しい家が子どもを厳格に育てたのだろう。学校には家から持参の特別弁当。その息子ケン坊が我が家に遊びにくると、うちのガキは生肉を食っている。〝ケン坊の家はダメなんだろう。あれもこれも、親の許可が出ないとダメ。なァケン坊、そこへいくと、うちの子は何でも食べさせるよ〟と、来る度、万度いうので、そのせいか、俵夫妻、引っ越しちゃった。

作曲家の安藤実親さんも近所にいた。その奥さんとノンクン、いまだに付き合っている。安藤家にはよく、歌手が来ていた。「こまどり姉妹」を見たっけ。整形で凄い顔ンなった。大きなお世話か。

天皇陛下にも会っている。この一家は嫌いで、戦争の責任を取っていないという気がいまだにしている。

その頃の漫談に……。

先代天皇が長生きをして、若旦那（現在の天皇）はいい歳こいて皇太子のまま。ときに女房に責められる。

「ねえ、父ちゃん、いつ天皇になるの。お前さんが天皇になるっていうから嫁に来たのに、ならないんじゃないのォ。同窓会に行って恥かいちゃった。何もテニスが好きでこの家に来たんじゃないよ。どうすんの、家出する？」

「まあ、そういうなよ。親父、元気だからさァ」

1981（昭和56）年3月27日、師匠小さんと

同上、田辺茂一（左）と踊る

そのうちに、ヒゲの殿下同様に〝家を出る〟といいだすといけないから、〝家出はしないように〟と手紙を書いた。ま、出さなかった……第一、出そうにも、あそこの住所がワカラナイ。

観客に受けたよ。仲間内じゃあ〝凄い芸をやるネ〟であった。で右翼から随分文句があったとも聞く。現在、松元ヒロがこの種のネタをやり、受けている。

落語協会を飛び出したのもそのころか。勿論、小さん師匠も承知の上で飛び出し、寄席以外に活路を見出す覚悟だった。師匠は第三の協会を作るのに賛成。〝師匠、伜の三語楼を連れていきますよ。一人前にしてみせます〟〝頼むよ〟……こんないきさつもあった二人だ。

その頃、二人は親子のような間柄で、師匠の〝名前だけでも協会に残しておけよ〟に、他の弟子どもが反対し、俺は協会を出ることになった。世間にいわれている「小さん・談志の喧嘩」ではない。

その間に、本を出し、番組（テレビ）を作り、参議院議員に当選し、いわゆる波乱万丈の人生だ。沖縄事件（注・沖縄開発庁政務次官として沖縄訪問の際、二日酔いで地元記者の会見に臨み、政務次官を辞任）で日本中を敵に回したり、外国を遊んだり、公演、講演……。と、そんななかで女房ががんになった、と、ここへ戻る。

根津住まいも十年は楽に越える。最初は三階だけを借りていたが、同じマンションの六階が空き、つまり売りに出たので、それを買った。結果、家が現在五軒である。根津に二つ（うち一つは賃貸）、練馬、新宿、銀座……とネ。

暮らしのほとんどが根津、あとは空いていて、別に女も居ない。昔から女にあまり興味はなかった。といってホモでもない。

色道二道

ホモといやァ……ガキの頃、といっても勿論落語家になっていたが、ちょっとしたことがあった。

例によって帰りが遅くなり、東横線の渋谷で最終電車を待つ間、屋台で飲んでいたら、隣に若い奴が座った。話していたら、〝私、漫談を演ってます、ウクレレ弾いて。牧伸二といいます〟〝ええ？　あんた牧伸二？〟〝なんで私の名前を識ってるんですか〟……。

彼はまさか、自分の名前が知られているとは努(ゆめ)思わなかったのだろう。勿論、当時の牧伸二は駆け出しの新人だ。それをラジオで一回聞いただけで私は覚えてしまったのだ。

〽あーあーあ、嫌(や)んなっちゃった、あーあああ驚いた

私は一度聞いたこの人のメロディをいつも口ずさんでいて（その状況は、後年の、テツandトモの「なんでだろう」に似ている）、母親に〝何なの？　その歌〟といわれていたので、即その場から我が家に電話。〝あのネ、もし〳〵、いまネ、嫌んなっちゃった驚いた、と一緒に飲んでるんだ〟。

彼は私の家の近くに住んでいて、学年は一級上だ。私の小学校の同級生である宮崎という奴の家が鉄板屋で、そこに勤めていて素人(しろうと)寄席などに出ていた、という。ついでだが、売れてから宮崎の妹と一緒ンなった。

牧伸二と別れたのだろう、最終の東横線に乗った。で、酔っていたこともあって隣の外人に話しかけた。

〝私は日本のジョニー・カーソンだ〟。映画の話になり、勿論カタコト。〝私はトム・イーウェルが好きだ〟とネ。モンローの「七年目の浮気」の相手役、中年役の渋いス

ターだ。と、その外人、〝実はトム・イーウェルは僕の従兄弟だ〟。で、〝どこまで帰るの〟と聞かれ、〝多摩川駅からタクシーだ〟に、〝うちに泊まっていきなさい〟。

　こっちは酔ってるし面倒だし、〝OK、感謝〟と、泊まることに決めた。

　行ってみると、その頃には珍しいマンションで、奥方と二人で日本観光に来ているが〝ワイフは今日、日光を見に行っている〟という。

　で、〝寝よう〟となったが、〝その前に薬を二錠飲みなさい、身体のためですよ〟。それが後年中毒になる睡眠薬と知ったのは、ずっと後になる。

　ぐっすり眠ったのか、夜中にふと目が覚めたら、彼に抱かれている。そしてペッティングもされていた。実に上手い。自分でやるよりケタ違いに上手いのだ。で、途中でやめると〝もっと……〟と心の中にせびる気分が出てきて、そんな仕草をする。でもキスは断ったネ。

　ついでだが、女性も含めいろ〳〵な人とキスをしたが、今まで一番上手だったのは丸山明宏（後の美輪明宏）でありました。

　〝あれっ、俺はカマかネ〟と初めて思った。

　当時、石坂洋次郎の作品『陽のあたる坂道』で出てくるMとWという言葉が流行っていた。つまりMは男性、Wは女性。人間の中にはこの両性があって、それが時折出ているという。そうなると俺にもWっ気があったのか、と思った。

後年、その気がある藤村有弘に話したら、〝やらせりゃよかったのに……〟。やらせたら、どうなってたかネ。

後で知ったが、この人は紳士で、エドワード・A・ライトという名前だった。トム・イーウェルの従兄弟でも何でもなく、何かの博士と聞いた。日本の芸人と会ったというエピソードが、アメリカの新聞に出ていた。奥方も品のいい女性で、招待を受け、小野栄一と二人で遊びに行った。

彼はパントマイムの一幕を教わり、舞台に掛けて受けた。何せ小野ちゃん、器用な芸人であった。まだ死んではいないはず。彼には随分世話ンなった。

昔の日本は色道二道といって、女色と男色の二つを覚えるものだといい、織田信長の森蘭丸などはその一つの例だ。フランスの詩人ジャン・ジュネもそういっている。

俺も芸人、芸術家なら、両性を知らないといけないと思い、一度カマァ買って、いや連れて原宿の家に泊めて寝てみたが、何もする気になれず。一応抱いてみたがゴツ〱していて面白くなかった。朝起きたらヒゲがうっすら生えてきて嫌だったネ。

二人でいるところに茶楽の奴が稽古に来たっけ。〝兄さん、何です、これ〟って、

大阪で

茶楽、妙な顔をしてやがった。

後年、横山やすしと飲んだとき、場所はお馴染みの「美弥」だ。やすしの奴、酔って散々惚気やがった。

そのとき俺はやすしにいった。

「あんたが女にモテた話はもういいよ。なら聞くが、男を知らねえだろう」

野郎、驚きやがった。

「え? あんた知ってまんの」

「当たり前だ。色道二道を知らなくて一人前の顔をするな」にやすし、

「えらいムチャいいまんなァ……」

ちなみに奴ァ俺が大阪で出ていたとき、漫画トリオのカバン持ちで、俺のカバンもよく持ってくれた。いや持たせたか。気のやさしいおとなしい若者だったのに、後年あんなになるとは……。

もう一つ、カマ話。銀座の有名な、地下一階にあった店、オカマの元祖「青江」。カルーセル麻紀もそこに勤めていたが、彼女の話は面白いがまた別のときに……。で、青江で飲み、喋り、騒いでいたら、そこにドタ〳〵と階段を下りてきた数

1995（平成7）年、落語立川流創設以降に入門した弟子で初の真打ち昇進

2001（平成13）年1月2日、根津神社で一門と。毎年恒例の初詣で

人の客、そう五人くらいいたか、皆美人であった。それを見た青江、〝なんだ、オマンコか〟。

第四章

アフリカ、もう行けまい

旅、映画、外国ジョーク

誰も外国に行けなかった頃

旅の話でもするか。よく旅をしたっけ。まだ誰もが外国なんぞに行けなかった頃の話をしよう。どこから書くか。整理がつかない。思い出すまま、気の向くままだ。

南まわりでヨーロッパに行ったっけ。金がないからソビエト航空、つまり「アエロフロートロシア航空」。まずバンコク、その前に香港があったか。バンコクの空港なぞ十畳くらいなもんで、五、六人の奴がブラシで空港の床を掃除していた。

当時ここは「エア・タイ」、後に「エア・シャイアム」。シャイアムとは、「シャム」のことと教わった。懐かしく、「安南シャム」という言葉を想い出したネ。今のベトナムも安南といった。

小島政二郎先生が珍しく戦時歌謡の詩を書いている。上原敏の「たより」シリーズ。「上海だより」「南京だより」「北満だより」「仏印だより」、家元全部歌える。

このシリーズの作詞はたいがい佐藤惣之助なのに、そこに小島先生が入っていた。従軍記者となって彼の地を訪れたことがあったのだろう。作家が戦地に、このケースは多い。

小島政二郎作は「仏印だより」。歌の頭に出てくる「サイゴン」とは、現在のホーチミン市のこと。

〽ここは西貢小巴里
安南娘誰も彼も
手に手に翳す日章旗
可憐な瞳見る度に
血の近さをば感じます

〽カンボジアラオス
そしてまた交址
支那の果てまでも
西貢米のおいしさに
打つ舌鼓我々は
祖国と同じ暮らしです

〽一雨来たと思ったら

東京湾(トンキン)へ雨後の虹
今極東を吹き荒(すさ)ぶ
嵐の後もこのように
見事な虹が咲くでしょう

〽ああもう書けん交代の
歩哨(ほしよう)の時が来たのです
命があればまた書こう
いざ〳〵蛍飛交(ほたるとびか)わす
真冬の草原(はら)に立ちましょう

蛍は真冬なんだそうな。昭和十五、六年の唄か。

母親が珍しく知っていて、唄ってみせてくれた。〝ここはサイゴン、小パリー……だよ〟〝知ってるよ〟であったっけ。

上原敏は数々のヒットを飛ばしながら第二次世界大戦で出征し、ニューギニアで戦死した。飢え死にかも。最近まで上原敏の会が存続し、彼の地に冥福を祈りにツアー

ベトナムで

1992（平成4）年、ベトナムで

で行っていたそうな。歌手の青葉笙子さんの話。

彼女は上原敏とデュエットをしている。「鴛鴦道中」など〳〵。〝ねえ青葉さん、東海林さんとどっちがよかった？〟に、〝断然、敏さん〟。私も同じだ。でも、「麦と兵隊」（作詞は藤田まさとだ）、「上海の街角で」（佐野周二がセリフを入れている）などは好き。「野崎小唄」「赤城の子守唄」などはあまり好きに非ズ。

女を買うのは好きじゃない

タイはパッポン通りの想い出がある。当時、ウイスキーの四分の一のボトル、それも世界の有名ボトルを集めていた。それは現在も練馬の我が家の棚に並んでいるが、それを発見したこと、独演会を演ったこと、日曜市場で蜂の巣をそのまま絞って売っていたその蜂蜜の美味きこと。

キックボクシングのこと。選手が観客の見えるところでオーナーにペコ〳〵頭ァ下げてやがった。勿論、客は賭けている。まあ、勝つか敗けるかの単純勝負である。

パッポン通りの電線という電線に燕が留まっている。ああギッシリ留まっていると怖い。ヒッチコックの「鳥」を思い出した。

1979（昭和54）年、バンコクで

チェンマイまで女ァ買いに行った。勿論客と一緒だ。二人旅なり。村全部が売春をしていて、娘に客が付かないようだと皆からバカにされる、と聞いた。来たのは、そうナァ、四十五歳か。実際にコトに及んだかどうかは忘れた。

中国に行ったとき、案内の中国人にいわれたっけ。〝先生、変ワッテマスネ〟……ついでにいうと、中国で「先生」は「何々様」の「様」の意味。で、案内人、〝病院トカ小学校トカ駅トカヲ案内シロトハ言イマスガ、女ノトコ連レテイケ、ト言イマセンネ〟。〝別に助平（すけべい）じゃない〟とは言い訳に非（あら）ズ。あまり女を買うのは好きじゃない。そのくせ、いつだったか、台北（タイペイ）だ。レストラン「鼎泰豊（ディンタイフォン）」のある学生街、その近くの屋台にいたら、痩（や）せた日本人の女がテレビロケでそこに来ていた。俺がいるのを見つけ、カメラを連れてきたネ。

「師匠、珍しいところでお目にかかりました。今回は何が目的で……」

「女ァ買いに来たんだ」

彼女とテレビカメラはすぐに逃げたな。

中国で思い出した。案内人の弁だ。

「コナイダ、アサハラショーコーサン一行キマシタ。案内シマシタ。皆ジェントルマンデシタ。タダワカラナイノハ、アサハラサン入ッタ風呂ノ水ヲ皆ンナデ飲ンデマシタ」

バンコクビールの強いのには驚いたっけ。何せ十三度。日本酒と同じアルコール量だ。名は「シンガー」で、普通のビールだと思いガブ飲みして酷い目に遭ったっけ。バンコクで独り、これ以上酷い面ァした奴はいないだろう、という女ァ面白半分に買ったがホテルは売春婦を入れてくれない。そも〳〵やる気なんぞない。酔っていたからか、話のネタか、〝じゃあ、帰んなよ〟。

で、帰る日だ。カバンを整理して持ち物を揃えていたら、なんと紙が出てきた。考えたら、その売春婦の証明書と見えた。可哀相に、この売春婦、証明書を次に取るまで仕事（?）ができなかったろう……。妙に同情した。〝可哀相なことをしたな〟であった。けど、何で俺が持っていたかは判らない。

あるとき、シンガポールか、ホノルルか、チェンマイ行きの切符を買ったら、何かの事情でバンコクで飛行機の乗り換え。で目的地チェンマイに着いた。ところが、帰りだ。当然予約してあると思うから飛行場に……。そしたら、帰りのチェンマイ発の予約が消えている、という。怒ったって仕様がない。で待っても始まらない。何せ三時間おきぐらいの発券だ。ホテルに帰ったが、もうチェックアウト。仕方なく、側の公園で三時間おきに人を走らせ、バンコク行きを待った。その間のつなぎはひまわりの種だけ。それで六時間つないだことがある。

そのときに一緒にいたのが、談志のお客というか、お旦那の竹下さんだ。エメラルドを売り買いする人で、若い頃はよくこの人と世界を回った。コロンビア、ナッソー、オランダとドイツの国境にあるナイメーヘン、そこからフランスのストラスブール、途中ローレライの像のあるところを通る船旅は三泊の船中泊だ。死んだ「つばめ」、小きんの「つばめ」が一緒であった。竹下さんは、もと〳〵小きんのお客であった。古い〳〵話だ。

ハイウェイで即死した坊主

女と外国といえば、ふと想い出す奴がいる。私のファンに茨城は高萩の寺の坊主がいた。大越孝一という若き僧侶だ。二枚目だが坊主頭のこの野郎、女が好きで、女房の前でもそれを隠さないような奴だった。

若くしてハイウェイで車ァ運転していて、塀にぶつかり即死。驚いて寺に飛んだ。今のキウイを連れて。

この大越、三橋美智也が好きで、そのくせ絹谷幸二の絵を先買いしていて、外国のオークションで落としたり、日本で買ったり。手前えの寺に五重塔を造り、その中の壁をオール絹谷にするつもりが、死で頓挫。その塔はまだあるはずだ。

その坊主、大越が〝こないだ日帰りで台湾に行って女ァ買ってきました〟等々いう。いっとくが、こいつ、一つもいやらしくない。下品さがない。だから俺も奴を贔屓にしていた。で、台湾どころではない。

「師匠ねえ、こないだ一泊でポーランドに女ァ買いに行ってきました」

「オイ、そんなことができるのか」

「できますよ。今度一緒に行きましょう」

本当かネ、いや本当なんだ。ポーランドまで一泊の女郎買い、には驚いた。

よく三橋さんと二人で「美弥」から泰明小学校までの横道を歩きながら唄った。

〽アイヤヤヤヤ　アパパ
アイヤヤヤヤ　アパパ
うちのアヤはパパが好きで
それで結婚しーた

「アヤヤ・アパパ」という歌……知ってるかなァ。

大越坊主と一緒に、その三橋さんを「美弥」に呼んだ。もう三橋さんがダメで音程もメチャだった。大越坊主はいった、〝師匠、いいんです。三橋さんが来たのだから……〟。

いま奴から電話が入りゃすぐ判る。私ゃ電話がかかってくると、相手がすぐに判る。耳がいいのか、勘が優れているのか、知っている人で〝どちらさんですか〟は、まずない。けど、大越坊主からの電話はない。当たり前か、死んじまったんだから。

「アラブに油を売りに」

バンコクからカラチを経由してアラブへ入った。イラン革命の頃で、危ないところを避けてアブダビへ。

アブダビは何もないところで、ホテルがあるだけで想い出もない。覚えているところは、ドバイ、ドーハ、カタール、バーレーン、イラク、バスラ、クウェート……いずれも中近東である。

アラビア石油が油を当てたカフジには、四回行ったことがある。何もない田舎の村

1979（昭和54）年、アラブの宝石屋の前で

同上、アラブの絨毯屋の前で

で、雑貨屋が一軒、これをカフジ銀座と称していたが、五百メートルくらいだネ。

日本人は、一級建築士からトビまで建設現場で働いていた。酒がないので、砂糖を煮出して密造酒を作って飲ませてもらった話はしたっけ。

退屈だったから海で泳いでいたら、〝ここは何という海です？〟に〝「鮫ヶ浦」と我々が名づけた場所ですよ〟。さァ驚いた。岸ィ目がけて泳いだ〳〵。そのときに聞いた話によると、なんでも海老が獲れるところには石油が湧くんだとか。

アラビア石油は与えられた場所で、一発で油を掘り当てたとのこと。アラビア太郎こと山下太郎の物語也。

アラブに講演をしに行ったときに喋った〝アラブに油を売りに来たのは俺だけだ〟、これは受けた。

落語を演ったのはクウェートで、さァ、何処で演ったのか。バグダッドでも演った記憶がある。いやバスラか。シンドバッドが船出をした港町だ。

バグダッドの、ずらり並んだ宝石屋の屋台、絨毯屋。そこで聞いた。

「絨毯が欲しいのだ」

「見てください。なんでもありますよ」

「いや空飛ぶ絨毯、フライング・カーペットだ」

東洋人の洒落に、アラブの売り手、受けてやがった。それにしてもディズニーのアニメ「アラジン」のフライング・カーペットのシーンは見事であった。

山田金徳、生きてはいまい

クウェートにも想い出がある。海辺に一軒、日本料理屋があった。そこで一人の日本人、酔って大気炎だ。名前は山田金徳。なぜこうも、生涯に一度しかあったことがない野郎の名を覚えているのか。

奴のいうことにゃ、サのいうことにゃ、奴さんサルベージ屋で、何と沈んだ「クイーンエリザベス号」の引き上げに来ているとさ。満更嘘でもなさそうで、種々聞いたが、何せ威張ってケッカル。〝俺が一回海に出ると八千弗だ〟とさ。本当かネ。面倒ンなって睡眠薬飲ませて酔い潰して金ェ払わず、この野郎に付けて帰っちゃったっけ。後で話を聞いたら嘘でもなさそうでもあった。

山田金徳、生きてはいまい。

アラブの何処だったか。いわゆる金持ちに招待されてご馳走になった。外国から出稼ぎに来る人間から金を取って職を紹介している奴だと聞いた。あの砂漠の中に何と室内プールがあるのだ。紋付袴の俺様が飛び込み台に立った写真が何っ処にある。

アラブのその野郎の家は、緑に囲まれていた。周囲に緑なんぞないのに。日本で「草むしり」なんぞ彼の国に行ったら大贅沢であろう。所変われば品変わる。全くだ。その金持ち、〝俺は金持ちだ〟の証拠に庭に樹々が植えてあった。時間がくると水が撒かれるように仕組んである。

で、その緑、端のほうを見たら、水が届くギリ〳〵のところに生えている植物があって、クタ〳〵になっていた。〝もういいよ、死なせてくれよ〟に見えたっけ。

で、奴がその後日本に来て〝女ァ頼む〟。頼むったってどうにもならない。〝大金を出すなら一晩付き合ってあげる〟という女性も知り合いにはいないしネ。で、仕方なくタクシーの運転手に聞いたネ。

〝もし、そんなことを外国人にいわれたらどうするの〟に運ちゃん、〝まずトルコに連れてきますネ〟。なるほどと思ったものの、アラブの金持ちがトルコで満足するかしら。トルコは現在いうソープランドだ。こんなことまで説明が要るようになっちまった。

イラク戦争、呑気なもんだ

イラクのバグダッドには二度行っている。一度は昔、二度目は最近だ。最近といってもイラク戦争を観に行ったのだ。なーんのことはない。戦争なんて何も感じない。アーケードは普段のままで、一回目のときと同じ黄金屋の屋台が並んでいた。

呑気なもんだから、バグダッドではキャバレーも営業していた。ここで私ゃ、一席だ。〝何を演るのか〟と聞くボーイに、どう説明しても判らない。で、高座に座って喋っている俺様。キャバレー中は爆笑。お盆を持ったボーイが妙な顔をしていた。話芸だけでこんなに受けたのを見たことがないのだ。

終わって、主催者側から貰った、高い位の奴が着るという、曰ク〝最高級〟のアラブの姿で客席に行ったネ。そしたら、女どもがワッと寄ってくる。ま、当たり前。で、その女どもが〝あれ〟〝これ〟と、飲み物や食い物を注文しはじめた。日本人の係がすっとんできた。

「師匠、冗談じゃない、断ってください」

「何で」

「百万以上はすっ飛びますよ」

〝ウェッ〟と俺はあわててホステスどもに言った。

「帰れ、帰れ」―

〝何で？〟に俺、

「ノーマネーだ」

妙な顔をして、ぞろ〳〵テーブルから引き上げた彼女たち。この格好、このスタイルで何と〝ノーマネー〟、訳が判らなかったらしい。

何しろ売春婦が一と晩百万円なんという話をしている、という。日本人は安くて五十万円ぐらいという。〝もっと日本人の女も頑張ってほしい〟と地元の人の弁。本当かネ。

アダムとイブのリンゴの樹を見に行った。砂漠の中を数時間走った。途中にバビロン遺跡はあったが何もなし。唯トラックが一台あったのみで、〝何ァんだい、こりゃ〟。やがてこのトラックが遺跡になるのかいな、と笑ったネ。

アダムとイブのリンゴの樹、小さな木の枝で囲んだ中に小さな樹が生えていた。三代目かのアダムとイブのリンゴの樹だという。本当かネ。周囲には何もない砂漠の中に、唯その樹が一本。小便して帰ってきたっけ。チグリスとユーフラテスが合流する所でアリマシタ。

1979（昭和54）年12月、アラブの海で

1985（昭和60）年、南米の海で

帰りに、河のほとりのレストランに寄った。〝カレーなら大丈夫〟と思って頼んだが、相手に「カレーライス」が判らない。〝カレー〟〝カリー〟〝カレーライス〟……数分あって結果は「イエローライス」というらしいが、それに、カレー粉と油を持ってきた。ヤケクソでそれを黄色い飯にかけて食ったが、旨(うま)くも何ともなかったが当たり前。

心細いよ

帰りが大変。飛行機が出ない。いえネ、空港は行ったがガランとして誰もいない。左側の外れに十二、三人が群れていた。で行って聞いた。汚(きたね)えトランプで遊んでやがるんで、持っていたトランプをくれてやり、

「あなた方、何処(どこ)に行くの」

「モスクワ」

あれっ、何だい、違わァ。そのときの私は、ロンドンに行く予定だった。見渡しても、時刻表も出ていなけりゃ、他に誰もいない。〝どうしよう。運転手は帰っちまった〟……。

困ったネ。バグダッドで一人迷子。〝「ハッサン」と呼んだって仕方あるまい〟……

そんなとき、人間てのは不思議なもので、妙なことを想い出した。

イスラエルとアラブとの戦争で、イスラエル軍が相手の塹壕（ざんごう）に向かって〝ハッサンはいるかァ〟。「ハッサン」はいくらもある名で、私を空港に送ってきてくれた運転手も「ハッサン」。〝オーイ。いたら顔を出せ〟といわれ、ハッサン勢が顔を出したらバリ〳〵〳〵と撃たれちまった。

のべつこれをやられているので、今度はアラブ側も真似（まね）してやったという。〝オーイ、ハッサンいるかァ〟に、イスラエル側は〝いるぞォ。でも、お前は誰だ〟〝俺は……〟。〝△△はいないかァ〟に、これもよくある名をいわれ、その名の奴らが立ち上がったら、またバリ〳〵〳〵と……。

何せ戦争なんてしたこともなかったのだろう。今日のニューヨークの摩天楼（まてんろう）はじめの自爆行為なんて、全く考えられなかった時代だ。

精々（せいぜい）南ベトナムのゴ・ディン・ジエム政府に抗議した坊さんがアメリカ大使館前で焼身自殺して、それをゴ大統領の弟の内儀（かみ）さんが、〝一人の僧侶がバーベキューになっただけ〟といったとかで話題になっていた頃の話だ（注・一九六三年の事件）。

で、空港の話に戻る。

ガランとした待合室、空港。今の羽田に誰も居ない状態と思えばいい。しばらく待った。もっともそれしかあるまいに。すると、どうした弾みかロンドン行きのフライトがある、という。けど、もう二時間は遅れている。どうする。時差があるから、アンマンで乗り換えられるかも知れない。乗ってみるより仕方あんめえ……。

これネ、ごく軽く書いているけど、心細いよ。〝そうか、時差があった。ギリ〳〵に着くぞ。ロンドンに着けば何とかなる〟と、乗り込んだ。

いつも、乗りゃあ、シェリーか、ウイスキーだ。もっともアエロフロート、ソビエト航空じゃあ何が出るか判らない。「ウオッカ」ならいいだろうと、のべつに「ブラディ・マリィ」であった。

　作っているところを見たら、石油缶に詰めてあるトマトジュースでウオッカを割るだけ。その石油缶に「カゴメトマトジュース」と日本語で書いてあった。沖縄で買った、いや中国か、辛い豆腐を楊枝でつまみながら、それを飲んでいた。

　途中、〝ジョルダンのアンマンまでしか飛ばない〟というアナウンス。さァどうしよう、アンマンに降りたって、何処でどうして泊まるやら。第一、何処でドルをアンマンの貨幣に換えるのか。

いやはやアンマン乞食かと本気で思ったら、飛行機はアンマンで一時降りたが、そのままロンドンに向かうという。その頃は「ヒースロー」だったかなァ。でもこの飛行機、引き返すかも知れない……と思うと落ち着かない。何も食べずに座席に座っているだけ。本など読めるもんか。でも、夕焼けで暮れていく空が美しかった。航空機は同じ向きで飛んでいるのか、太陽が出たり隠れたりする夕焼け雲の美しさ。それを見ながらロンドンに飛んだ。

〝あと△分でロンドンに着きます〟というアナウンスを聞いたときのうれしさ。〝スチュワーデスさん、シェリーを〟と立て続けに五杯いったっけ。

ちなみに一度アンマンに降りたとき、日本人がいて世話をしてくれたが航空会社の人か。してみりゃＪＡＬの社員か。忘れもしない三平というお方だった。「ミヒラ」ではなく「サンペイ」といった。この人が手配してくれて、〝心配ないですよ。この航空機はイギリスに行きます〟といって乗り込ませてくれた。ロンドンはもう、ヒースローじゃなかったかネ。しつこいネ、ま、どうでもいい。

ロンドンに着いた。日航の知人が数人で迎えに来ていた。

「フランクフルトから来たんでしょ？」

「違うよ。バグダッドからアンマン経由でイギリスですよ」

「嘘でしょ。アンマンからの名簿にないよ。フランクフルトからの名簿に載ってたよ」

でも、どうでもいいや。ロンドンにとにかく着いたんだから。興奮していたのか、空港のカウンターに財布を忘れた。あわてて取りに行ったら、奇跡的にあった。

ヨルダン、その頃のジョルダンについて、チト知ったかぶりをする。

その頃ヨルダンは王国だった。王国はもう、世界に珍しくなった。イランのパーレビ、スペインのアルフォンソ、エジプトのファルーク、等、王様が仕切っていたが次々と革命だ、やれスペイン戦争だ……で消えていった。ホメイニはイランで宗教戦争、確かヘミングウェイはスペイン戦争に参加、エロール・フリンも行っているとか。まァ東南アジア、アフリカ、南米と次々にそうなるのだが、その頃のヨルダン、何せイギリスがユダヤ人に借金して〝戦争に勝ったら国をやる〟なんぞいっていたから、仕方なく彼らの聖地イスラエルを分割してやった。

簡単にいうとこうだが、さァそこに住んでいたアラブ人が怒った。ま、一緒にそこ〳〵住んでいたのだが歴史的にいうと、〝なんだユダヤ。手前えらなんぞ、ソロモンとその子ダビデのわずか百五十年の歴史だ。こちとらのほうが上だ〟と、もめた。

ユダヤはなんせ世界に散って固い団結、しかも金をもっている。アラブ人は仕方なくイスラエルから散った。親分は「アラファット」だ。ほう〴〵から戦(いくさ)を仕掛けるが、イスラエルに敵(かな)わない。追われ〳〵て、ヨルダンに入った。

その頃ヨルダン王国は、フランスが仕切っていた。回教徒、スンニ派とシーア派を代わる〴〵政権につけた。ま、壊れやすい国だったので、そこへ入ってきたアラブ勢。ところがあまりに暴れたので王様は怒り、〝出てけアラブ〟。それで仕方なくアラブは世界に散った。

そんなことを感じながら居たアンマンであった。

早い話、〝アメリカは神より文明を上に置いた〟といって怒ったのだろう。

〝日本は平和だなァ〟

最初の南回りはアブダビからローマかな。ホテルに着いて……勿論(もちろん)二流ホテルだろう、場所は覚えていないが、そのホテルからまずテルミニに行った。ジェニファー・ジョーンズ、モンゴメリー・クリフトの「終着駅」だ。そこでは、まだ戦争が終わって間もないのにもう軍隊があったというのが印象的で、終着駅で母と軍服の息子の別れを見た。〝日本は平和だなァ〟が正直でありました。

ヴィットリオ・ヴェネト通り、その近くの「ロリエ」というイタリー料理店、旨かった。

〝貴方は何て名前だ〟と聞くので、「若旦那」と教えた。後年行ったら、千社札が入り口に張ってあり（俺が張ったのだが）、その頃の奴がいて〝オー、若旦那〟ときたネ。

「スパゲティ、アラビアータ」を覚えたのもこの店だ。行くときゃ大勢だ。あのスパゲティを俺は各種食べたい。で全員で種々取って分ける。それを「皿を飛ばす」といった。〝飛ばしますか〟てなもんで、数多くのスパゲティの種類を覚えた。

もっともこれは二、三度目に行ったときで、最初は独りで「スタンダ」と称する安物の雑貨屋に何度か行き、食い物は駅の売店のパンが主食、歩いてスペイン広場、トレビの泉……と、決まったコースだった。裏の橋のほうからバチカンにも行った。

それにしても、イタリーは料理も旨いし、女性も綺麗だ。小さくて可愛くてネ。

もっとも映画じゃソフィア・ローレン、ジーナ・ロロブリジーダといて、シルヴァーナ・マンガーノの神秘的な美しさ。「アポロンの地獄」という映画であった。世界一の美女で売ったロッサナ・ポデスタ、日本デビューは「トロイのヘレン」、その後

「黄金の七人」で元気な姿を見せてくれた。

ローマ法王と握手

バチカンに行ったときのこと。日本人の神父で私のファンだという。彼がいろ〱案内をしてくれた挙げ句に、〝法王の間に行きますか〟。〝ホーオーの間ならホテルオークラで行ったことがある〟と洒落たっけ。

小さな部屋で、質素なもんだ。そこで法王は秒刻みのスケジュールで居ない。その部屋に法王が帽子を被って笏杖を持った写真がある。入り口のダ・ビンチにも解らないまでも感動した。ミケランジェロの天井画は修復をしていたのを覚えている。

広い一階のホール、ギッチリと集まった世界各地から来た人たち。枢機卿が五人ばかり座っていて、MCがいて〝△△から来た人〟というと、サッカーよろしく〝ワーッ〟と布を振る。順に〱紹介だ。

最後に法王の出。万雷の拍手だ。ヨハネ・パウロ二世だ。家に握手をしたり話したりしている写真がある（一九九頁写真）。

その折、日本から来た女の子二人の観光客がいたっけ。何かの弾みでその二人をホールに連れていった。特別に法王が近くに来たときは、一人はキリスト教徒だったのだろう、興奮の極みであった。
法王の部屋からバルコニーに出るとバチカン広場が全部見渡せた。
ローマではコロッセ、後楽園球場よりはるかに広いその野外音楽堂に弟子と一緒に行ったっけ。誰もいないその野外音楽堂の舞台に立った俺、弟子をはるかかなた、スタンドの一番上に置いた。そこから見た俺は「点」だ。そこで落語を喋った。普通の調子で、〝おい、八つぁんかい、お入りよ〟。スタジアムの最上に立たせた前座は〝聞こえる〟という。何なのだろう。驚いたの何の。

「この店で買うときは必ず半値に値切れ。立川談志」

イタリアへは家族四人でも行ったが、そのときは復活祭で商店が閉まっていた。で、家族は可哀相。何も買い物ができない。旅行会社の奴を呼びつけて怒鳴った。〝間抜けな時期を選びやがった、バカヤロウ〟〝スイマセン〟〝スイマセンじゃすまないよ、この野郎〟。相手は恐れ入り、ショボくれている。間抜けな面ァしてやがる。「ピーター・ローレに似てやがる」

バチカンでローマ法王と

急に相手は顔をあげた。

「僕、ピーター・ローレ大好きなんです。今までに、ピーター・ローレといわれたのは一度だけ。今回二度目なのです」

で、映画好きな俺様だ。ヤレ、ボギーの、クロード・レインズのと「カサブランカ」の話が弾み、叱責（しっせき）はそれっきり。そしたら奴が、土産を持って来やがったネ。

トレビの泉ン中に、酔って小便をしたっけ。我ながら酷（ひど）いや。

名店サバティーニにも行ったが、どうということもなかった。「グラッパ」を飲むから味が判（わか）らねえのかな。イタリーはグラッパ、ドイツはシュタインヘーガー、ロシアは御存知ヴォトカ。

朝早く広場に行った。日本のように肉がそれ〴〵切ってあるところは世界にない。ローマとて同じ。ウサギの肉か足か、まだ皮が付いたままぶる下がっているから、買う気にも食う気にもならない。それを向こうの客は、〝美味（うま）そうだ〟という顔をして見ている。

ローマでは、ネギの青い部分を食べないから捨てる。日本人の案内人はそれを拾っていた。

女房はアシジの修道院を気に入ったらしい。小雪が散らついて、美しい風景だった。独りで行ったときは、我が子に沢山(たくさん)、山の如(ごと)く買ってきたイタリアモード。帰って見せたら大笑いされたっけ。

くどいが何回も行っているから、何がいつのときのことか、よく覚えていない。みんな事柄が一緒になっているが、もうこの歳、勘弁してもらおう。

ミラノは行っていない。ベニスも知らない。映画「旅情」だけ。K・ヘップバーンとロッサノ・ブラッチ。

フィレンツェには行った。何の知識もなかったが、偶然にウフィツィ美術館に入った。絵画で有名なところだそうで。

フィレンツェには毛皮屋が多い。店で話し込んだ。で、〝俺は日本で有名人だ〟といい、通る日本人観光客と一緒に写真を撮り〝どうだ、本当だろ〟。相手は〝その写真を送ってくれ〟という。OKしたが、勿論(もちろん)送る訳はない、つもりもない。で、〝店にサインをしてくれ〟というので、持ってきた紙にサインをしてやった。

「この店で買うときは必ず半値に値切れ。立川談志」

相手は喜んで店内に張った。日本人は値切らないし、人がいいからネ。甘く見られているし、癪だったし。

私は一度でも行ったところの地図は覚えている。ホテル、レストラン、道、建物。フィレンツェの街もそうである。

フィレンツェに行ったときは、ちょうどユーロが統一されたときで、新しいピカ〳〵のユーロのコインを記念に沢山持って帰ってきた。どっかにあるはず。他にもいろ〳〵と札を集めるくせがあり、ほう〴〵の国の札がある。それも新品でネ。

イギリスなんぞ、その昔一ポンド千二百円。その札を持っているが、今はどうなっているのか。ユーロじゃ全く判らない。一ポンド三百円くらいになったのも覚えている。弗と同んなじ。

初めてハワイに行ったとき、いや本土かな。〝ははァ、一弗は二百四拾円じゃない、実質には百円だ〟と感じた。すぐその通りになった。戦後は一弗三百六十円だったっけ。

ベトナムは凄かった。一弗、つまり百円が一万ドン。いや十万ドンか。で札の最高が五百ドンか、千ドンか。それで十万ドン。財布なんざァ売れない。何しろカバンに

ロンドンで

1980（昭和55）年、買ったばかりの「ライ坊」と。旅先のホテルで

札ゥ詰めて、食事に行っていた。

浅草で買った土産をスペインへ

マドリッドでは日航が初めてマドリッドと直行便で繫がり、その初飛行に乗った。機内まで赤い絨毯が敷かれ、鳥居が造られて、その下をくぐって飛行機に乗ったネ。

スペインでは、フラメンコを観に行った。和服だった。忘れもしない、「ラ・チャナ」という踊り子の凄さ。身体が空中に浮いているとしか思えない靴の音だ。例のフラメンコのドラムの響きなのだ。感動して楽屋を訪れ、持っていた扇子をプレゼントしたっけ。

後に行ったとき、〝ラ・チャナはいる?〟に、〝もういない。ラ・チュンガというのが出てる〟という。行ったら裸足で踊るのだ。フラメンコの音を出して。しかし、「ラ・チャナ」の印象が強いのでチトがっかり。

あれは一晩中やっている。夜が更けると、真打ちが出てくる。〝あのフラメンコの女性の顔はSEXのエクスタシーの顔だよ〟と、誰かがいった。

フラメンコを覚えたのは、有名な「ホセ・グレコ」。「これがシネラマだ」で大きな画面で踊っていたし、「八十日間世界一周」にも出ていたっけ……。

スペインで想い出したが、私ャ日本で雑貨があると、何でも取っておく。これはヨーロッパに、これは東南アジアに、これは何処に……とネ。曰ク、土産である。たとえば、浅草で買った百円の小さな鈴がついたキーホルダー、もう一つはちと高いキーホルダー（たいしたことに非ズ二百円くらい）とか。それをスペインに行ったとき、食事で一緒にテーブルを囲んだスペイン人にお土産としてあげた。高いほうをあげたら〝安いほうがいい〟といった。〝何で？　こっちのほうが高いのです〟に彼女、〝でもこっちは鳴らない〟。

ふてくされた娘とロンドンへ

ロンドンは印度を牛耳っていたのだからカレーが旨い、と思ったがダメ。ピカデリーサーカスのあたりの中華料理屋が御贔屓で、娘に飲茶を食わした。

何度目のときか、娘ェ連れていった。娘の奴ァふてくされていたときだ。昼頃まで、こ奴は起きない。俺も寝ている。昼頃ンなった。

「俺めし食いに行ってくるよ。中華料理だ。飲茶だよ」

「行くう」

「仕度(したく)をしろ」

「何でいくの。タクシー?」

「二階バス」

「嫌だ」

「なら勝手にしろ」

ま、結局バスで行ったがネ。

美術館に連れていっても何も見ない。

「オイ、これが〝ターナー〟」

「フーン」

〝まァいいや。でもこれだけは覚えとけ。ダ・ビンチだ〟に、見てやがった娘、〝パパァ、これ違う、ダ・ビンチじゃあない、レオナルドだよ〟。まァ別に、間違っちゃあいないがネ。

スイスはジュネーブ、ここの地下鉄は只(ただ)、入り口に誰もいない。只入って、只降りてもかまわない。けど時折、検札がくる。これに無賃乗車が見つかると、ガバッと取られる。面白い仕組みだ。自動改札機なんて世界のどの国にもなかった頃であっただけに、珍しかった。
レマン湖の美しさ。ローザンヌから車でブラッセルまでの旅。女房と二人旅。途中チャップリンの住んでいたところを通ったっけ。ブラッセルの宿は最高。谷川を見渡せる部屋だった。

そうだ、ブラッセルといえば「小便小僧」だが、ネーミングがよくない。「ビビちゃん」とかにするべきだ。

スイスの寄席（よせ）はツマラナイ。出た芸人は覚えていないが、カミソリの刃を一枚々々飲み込み、それが糸で繋（つな）がって出てくるという芸があった。こんなの日本にも居るし、てなもんだ。

けど、その寄席は美しかった。客席にテーブルと椅子。そのテーブルに傘をつけたローソクの灯（ひ）が美しかった。流石（さすが）スイスという感じがあったっけ。けど、くどいが芸人はダメ。二流、三流であった。

これは一人旅のときだ。ランチをカウンターに座って食っていた。勿論（もちろん）ビールもだ。ジュネーブだったか。昼メシを食いながら、日本人同士で二時間くらい喋（しゃべ）っていた。で、〝ここの料理は不味（まず）いネ〟と日本語だったが店側は察し、苦笑い。〝何が一番旨かった？〟と聞いてきた。〝ビールだ〟、受けてやがった。

パリは「リド」やストリップ小屋

ヨーロッパの想い出は山ほどにある。パリにモナコ、ロンドン、スペイン、イタリー、オランダ、ベルギー、スイス、ドイツ等々あるが、いったい何が目的で、こうもあちらこちらに行ったのか。今となってはよく判らない。

ヨーロッパの旅では、着物、いや、持参品全部が行方不明になったことがある。着の身着のままのヨーロッパの旅。作務衣みたいなものを着ていたので、外国人によく言われた。〝ユー、クロオビ？〟。で、柔道の構えをすると、相手は〝オー〟と逃げたっけ。

何のことはない。なくなったカバンは最後に寄る予定のパリ、つまり日航のパリ支店に着いていた。このカバン野郎、どこを回っていやがったのだろうか。

その頃、日航のパリ支店は凱旋門からシャンゼリゼ通りの右側のいい場所にあり、のちに「セクシー」と名が変わったストリップ劇場があり、その舞台に出る芸人を見るためによく通ったもんだ。

ナニ、ストリップ劇場だけに非ズで、有名なキャバレー「リド」にも、芸人たちを見るために足を運んだ。奇術、曲芸、影絵、人形劇、等々。それだけで一時間は楽に喋れる。マコとミコという日本人のストリップもあった。ま、日本人というのが珍しかっただけ。

パリで見た芸の数々。いくつか紹介しておく。

「何もしない犬」、〝これから名犬を紹介します〟と芸人の弁。〝へい、カムオン〟、犬は出てこない。で、楽屋から引きずり出す。引きずられて出てきたセコい犬に、〝台の上にあがれ〟という。まるで動かない。グニャ〳〵している。何度命じても駄目。仕方なく人間が引きずるようにして台の上にあげる。と、犬の奴ァ、口ィ一杯に開けて欠伸だ。どう言ってなだめても、命じても、すかしても、この犬は何もしない。二十分くらいやっていたか。仕方なく〝駄目です。これで終わります〟。これを聞いたワン公、一目散に楽屋に走る。そのすばしっこいこと。場内爆笑。

タキシードの紳士、独りステージでバイオリンを弾いている。バイオリン、この発音より、荷風の『ふらんす物語』の「ヴィオロンの……」、この音がいい。

で、このバイオリンを弾く男、これに若い女が代わる〴〵現れてまとわりつき、服を脱がし、真っ裸にする。抱きつくわ、ふれるわ、こするわ、しゃぶるわ、ありとあらゆることをするが、この紳士のペニスはまるで駄目。諦めた女たちは引っ込む。そのうちに、この紳士のバイオリンが盛り上がってくる。と、何をされても反応しないペニスが、そのバイオリンに反応してグン〴〵と大きくなり、逞しく上を向く。で、最高になると、同時にバイオリンを弾きながら射精するのだ。見事なもので驚いた。ただ、この人、「掛け持ち」はできまい、と思ったっけ。

サーカスで見たのは、服から次々と花束を出し、あの円い広い舞台を花、花、花で一杯にした。背広から出してはいるのだし、花も造花だ。けど凄い。あのサーカスのステージを花で埋めつくすのだ。

聞いたら寄席が少なくなり、皆サーカスに移ったとか。でもサーカスで、奇術や影絵はムリだろう。精々曲芸までか。

さァていつ頃か、それほど古くないよ。パリで、何とマルセル・マルソーが出ていた、マイムマルソーだ。ちなみに、これから芸名をとったのが「マルセ太郎」。フランスの発音では、「マッセ・マッソォー」、それを観に行った。「風に向かって」等懐かしい出し物もあり、遠いので持参の望遠鏡でアップにして見た。

マッソー、歳（とし）だ。気の毒なので望遠鏡のレンズをズラして彼の顔を見た。場内は親子連れが多く、満員。子供にもこういう芸を見せておく、フランスの客に感心をしたものだ。

シャンソンも話せば長くなる

パリといえば、ジョルジュ・ユルメールというシャンソンの歌手が日本に来た。あまり知られてないので客は来ない。パラ〱だ。モンタン、ベコー、トレネ、アズナブール等は日本でも知られてはいたが、ユルメールは知られていない。けど、私の趣味に合った。支那（しな）の裁判を唄った「ピン・ポン・リー」等々、我が家に彼のCDがある。

シャンソンも話せば長くなる。

日本に知られているのはシュバリエ、「エノケンの法界坊（ほうかいぼう）」の〽ナムアミダーブツ南無阿弥陀（なむあみだ）……は、シュバリエの「ルイーズ」だ。

トレネの「詩人の魂」「ラ・メール」。私は彼の「パパは仕立屋」が好み。

ベコーは「メケメケ」「風船売り」。映画「遥(はる)かなる国から来た男」の同名主題歌。ベコーが二役を演じる洒落(しやれ)た映画でありました。

モンタンは「枯葉(かれは)」「兵隊が戦場に行く時」。「われら巴里(パリ)っ子」、マルセル・カルネだ。場内が暗くなるとモンタンの歌が聞こえる。映画には出ていない。歌だけであり、映画はギャバンとローラン・ルザッフル。マルセル・カルネの女房は日本人の女優で、谷洋子(たにようこ)といったっけ。

「リラの門」はジョルジュ・ブラッサンスとピエール・ブラッスール。女はアルヌール。逃げこんで来た若い男はアンリ・ビダル。ブラッサンスは歌手だから演技はダメ。けど、この映画で歌った「雨傘」はよかった。ヒット曲である。ちなみに「リラの門」とは、メトロの駅の名と聞いた。

女性は、ダミア、ピアフ、ジュリエット・グレコ、イベット・ジロー等々。おっとアンリ・サルバドールを忘れていた。長命で九十歳近くか。日本に、死ぬ二、三年前に来たそうだ。早い話が歌うコメディアン。

アスティアとキャグニィが贔屓

ルーブル、モンマルトル、ピガール、オペラ座、最高級のホテルクリヨン、トルカ

パリのシャンゼリゼ通りで、家族と

ディロ広場。映画「パリの恋人」で、あの階段を上るアスティアが出るだけで、そのあたりの名所は全部彼の背景(バック)になってしまう。流石(さすが)アスティア。相手はオードリィだ、たいしたことはない。映画の中で彼女を家に送ったアスティアが、家の前の広場で踊るのが「闘牛の踊り」だ。闘牛士になったアスティア。踊りの最後に剣代わりの傘を放る。ポーンと飛んだ傘が、庭の隅の箱の中に入る見事さ。

後年、和田誠(わだまこと)がアスティアに聞いた。〃あれ凄(すご)いですネ。トリックじゃないのですか〃にアスティア、そばにあったゴルフのクラブをこれまた部屋の隅にあった傘立てに放った。スポンと見事に入ったそうな。

〃じゃあ、「恋愛準決勝」の天井で逆さに踊るあれ、あれも本当ですか〃……にアスティア、〃あれはネ……〃と唯(ただ)いった、という粋(いき)な話だ。

この映画のお相手はジェーン・パウエル。彼女がその映画で踊ったアスティアとのデュエットを、違うダンサーをアスティアに仕立てて踊っていたのをヨーロッパのテレビで見た。

立川談志、アスティアとキャグニィ、この二人が贔屓(ひいき)である。

ＡＦＩ（注・American Film Institute のこと）の表彰、年に一回アクターとディレクターが選ばれる行事、第一回目がフォード、その他フォンダ、ジーン・ケリー、ヒッチコック、ワイルダー、キャプラ等々大勢あったが、キャグニィ、アスティアが群を抜いていた。

キャグニィのを紹介したいネ。

ゲストは、カリフォルニア州知事のロナルド・レーガン、デューク・ウェイン、ボブ・ホープ。アカデミー賞を拒否した何といったか……あの人、あの役者。何とシャーリィ・マクレーンとジャック・レモン。両サイドから出てきて〝キャグニィ・グレイト〟と二人でいうだけ。

キャグニィの物真似（ものまね）が売り物のフランク・ゴーシンの、一瞬のキャグニィの顔。〝ヘーイ、カーク〟と右側の袖（そで）に、そして次に左に向かって〝ヘーイ、シーガル〟と、カーク・ダグラスとジョージ・シーガル二人を呼んで、キャグニィの真似で歌う豪華さ。

ＭＣはＦ・シナトラ。奴（やつ）ァ自らこの司会を買って出たと聞いた。いや、自分でいった。「マイ・ウエイ」をキャグニィの声で歌ったネ。

最後に、賞を渡すのが、「十戒（じっかい）」「ベン・ハー」等の主役、チャールトン・ヘストン。

彼に呼ばれたキャグニィ、客席から舞台に上がる途中で、チョイと踊る真似をした。世話になった人たちを読み上げた。ラオール・ウォルシュ等々の監督。

その頃タブーだった女性をいたぶる、何とグレープフルーツを相手の顔に押し付けた、映画「民衆の敵」のシーンは有名。女優はメエ・クラーク。彼女のスピーチもある。

相手をした女優を並べている中で、「オリビア・デ・ハビランド……オリビア……」と小さく二度いった。きっと当時、噂(うわさ)があったのだろう。けどキャグニィ、結婚は一度。最後まで女房と一緒であった。

引退して牧場で暮らしていたところに、最後に映画を、と頼みがきた。何と「マイ・フェア・レディ」のヒギンズ教授の役だ。ご存知と思うがこの役、キャグニィが〝俺は引退をしたのだ〟と、どうしてもOKしなかったと聞く。キャグニィのヒギンズ教授、駄目だろうな。やはり、レックス・ハリソンで大結構。

このAFIの賞（注・生涯功労賞のこと）、当人も気に入ったらしく〝一つも文句なし〟と、彼の自伝『キャグニィ・バイ・キャグニィ』でもいっている。

ついでにアスティアがこの賞をとったときのこともちょいと。司会のヘストンがい

ニューヨークで

う。正確ではないが、内容は合っている。

「今日の賞は、ミスター・フレッド・アスティアです。今ここに、アスティアがハリウッドに来たときの評価があります。〝演技ダメ〟〝歌ダメ〟〝頭髪薄し〟〝踊り少々〟、これがアスティアの評価です。今晩は、この人を称える夕べなのです」

粋な文句だ。

ちなみにチャールトン・ヘストン、日本では「地上最大のショウ」がデビュー作。共演はコーネル・ワイルド、顔がピエロのままのジミー・スチュアート。「一人の女と二人の男」というのが監督デミルのスタイルで、女性はベティ・ハットン。グロリア・グレハムが出ていた。コーネル・ワイルドの役名はセバスチャン。

「大平原」（ユニオン・パシフィック）は、ジョエル・マクリーとロバート・プレストン。後に「ミュージックマン」というブロードウェイで当てたミュージカルのあ奴、ディックという役名だ。女はバーバラ・スタンウィック。列車に襲いかかるインディアンの群中に、後年のアンソニー・クインがいたという。

チャールトン・ヘストンは後に歴史物で売る。この歴史物のことをハリウッドでは「コスチューム・プレイ」という。

小ゑん時代に創った人魚の小噺

北欧は知らない。北の方にあるらしい。世界、何処へでもムリすりゃ行けるが、その気はないネ。オーロラねえ。〝別にィ〟である。

北欧の白夜というが、東京の夜もそれに近い。俺なんぞ行動するのはいつも夜だ。昼は寝ているし、外に出ない。

北欧とはスウェーデン、デンマーク、フィンランド、ノルウェイか。おっと、デンマークには行っている。あの人魚を見ている。


真珠は人魚の涙である。

「オイ、見ろよ。この両手一杯の真珠を」

「凄えな。どこで買ったんだ」

「それがネ、実は釣りに行った。で、眠ったのか、ふと目が覚めたら岩のところ、そこに美しい人魚が居たんだ」

「キレイだったのか」

「キレイも何も、この世のものとは思えない美しい人魚。それと一晩中恋を語った。

朝の別れに彼女は両の瞼に一杯の涙。それがこぼれて、みろ、この両手一杯の真珠となったんだ」

「よし、俺も行こう」

彼も同様に、船で独り釣りに……。

「行ってきたよ」

「どうだった」

「お前のいう通り、彼女が出てきて一晩中恋を語って、夜明けに別れの涙。ホラ両手一杯の真珠だ」

「オイ、人魚の奴浮気っぽいネ。見せてみろ。……何だい、こりゃ。人工真珠だぞ」

「しまった、彼女は嘘泣きだったのか」

割といいだろ。若き柳家小ゑん時代に創った小噺であります。

勿論、小ゑん時代にデンマークへは行っていない。行けるはずもない。行けたのはずっと後のことだ。

デンマークはコペンハーゲン。シャンソンの田中朗と二人旅であった。チボリ公園を独り、朗さんと別れて歩いていたが、猛烈にふと郷愁の念が湧いた。たまらなく日本に帰りたいのだ。あれ何だろう。一週間もすりゃあ否が応でも帰国するのに……。もう一度だけ、この〝帰りたい〟と思った記憶がある。何と日本でだ。選挙のときだ。参議院のネ。第一声を銀座であげ、新宿の西口に向かうためにガードをくぐった山手線のあの下、あのガード。左に曲がれば新宿の西口、右に曲がると我が家の前。唯それだけなのに、これまた、無性に帰りたくなったのだ。選挙の初日だよ。すぐに忘れたが、そんな記憶を持っている。

以後はなかったが、ふと思った。その昔の「からゆきさん」はどれほど日本を想ったか……。

で、選挙は……もういいか。

議員どもの威張っていること

東欧四ヵ国を参議院議員のOB会で回った。いやはや議員どもの威張っていること。特に社会党は手が付けられない。一つ〳〵クレームをつける。例えば、打ち上げはロンドンのサントリーにした。リーダーのおごりだ。それにクレームをつける社会党、〝何で我々に相談しないのだ〟。リーダー、何といったかなァ。

大臣までやった人で女房連れがいた。その女房、飛行機の座席の上に正座していたネ。女房に文句をいわれるたびにヘイコラしている亭主。これが大臣かネ、庶民と変わらねえ。唯の親父とおっ母ァだった。

一行の中で玉置猛夫さん夫妻を覚えている。利発の夫人で、怒っていた。〝議員なんて最低ッ〟〝自分の亭主も含めてかい〟〝そう〟といっていたが、これはいった手前のことで、玉置さんはジェントルマンでした。どうしているかなァ。

ブダペスト、ブダとペストでブダペストだそうな。

チェコスロバキア。今は別れてチェコとスロバキア。

ユーゴスラビアはどうなったのか。チトーが上手に経済を動かしたのか、ここには今でいうスーパーマーケットがあった。〝あっ、食品があらァ〟。ワルシャワの広場で何もなく、若者が「ひまわりの種」を食べていたのとは大違いでありました。

ここでタクシーに乗っていて、車にぶつけられたっけ。徳山から出ていた議員と夫人、そして私は俗にいう助手席、前に座っていたが、車が三回転したのをハッキリ覚えてる。ゴロン〳〵とネ。

何と俺様そのとき紋付袴姿、すり傷くらいで助かった。後の二人は病院に。さて一人、どうしたらいい。ホテルの名刺はいざというときのために持っていたが、言葉は通じない。まわりには人が大勢いたし、公衆電話もあるのだが、かけ方が判らない。仕方なく、この国のコインを持っていたのでこれと名刺を差し出して、〝ここにTELを頼む〟。

で、案内人がすっ飛んできたが、車が引っくり返った姿を見て驚きやがった。で、ホテルに……。これだけの事故を起こして、タクシー側は何の謝りもなし。文明堂のカステラもなし、千疋屋の果物もなし、何もなし。二人、つまり御夫妻もなんとかなったが御亭主、〝首が回らない〟といっていたっけ。

いまならどうなのか。首にぐる〳〵と例の白いのを巻き付けられていたろうに。

ポーランドのワルシャワにサーカスのポスターがあった。何処でサーカスやっているのか聞いたって通じない。〝サーカス〟〝サーカス？〟、結局はマイムだ。綱渡りの格好をしたら、判った。〝オー、チルカス〟。

温泉があったネ。温かった、汚かった。これじゃあ読むほうも面白くも何ともないだろう。どうしよう。もうやめようか。正直、飽きちゃった。トイレにでも行くか。

東欧は四ヵ国、つまり旧ソビエト連邦。

ゴルバチョフがそれ〴〵の国に返しちゃったから、よく判らなくなった。ついでに樺太（からふと）も千島（ちしま）も返しゃいいのに。昔、小室直樹（こむろなおき）先生がいっていた、〝日本の首相をゴルバチョフにして、外務大臣をサッチャーにすればいい〟。

「でも先生、日本の衆議院議員でないと駄目でしょう」

「国籍なんざァ、どうにでもなるし、永田町特別区を作って当選させればいい」とサ。

山ほどあるソビエトジョーク

とにかく東欧には物資がなかった。チェコなんぞ、ピルゼンというビールは有名だし、チェコ製の銃器、車、等々、商業国なのに何もなし。もっとも御本家のソビエトがないのだから共産主義は駄目だと、つく〴〵思った。

ソビエトを皮肉ったジョークは山ほどある。「ソビエトジョーク」とこれを呼ぶ。

モスクワの女性がパリの女性に聞いた。

「パリの女性はパンティを平均何枚持っていますか」

「そうねえ、まァ最低七枚は持ってますネ。穿（は）き替えますからネェ。月火水木金土日と……」

「モスクワの女性は十二枚持ってますよ。穿き替えますから。一月、二月、三月、四月……」

ソビエトの宇宙飛行士の家を西側の記者が訪れた。小さな子供が出てきて、〝お父さんもお母さんも居ない〞という。

「何処に行ったの、いつ頃帰るの?」

「お父さんは宇宙だからそのうち帰るだろうけど、お母さんは買い物だから当分帰らない……」

これネ、女は買い物好きだから当分帰らない、ではない。物がないからである。解説は野暮か。

田舎者のフルシチョフ、「ニキタ・フルシチョフ」である。

ニキタがスターリンと西側の国へ行き、レストランで食事。田舎者のニキタは手づかみで食った。スターリンがこれを見て、

「オイ、ニキタ。ナイフを使え」

「相手は誰だ」

モスコオで、〝フルシチョフの大バカヤロー〟と大きな声で怒鳴った奴がいる。小さな声で喋ってもすぐにKGBに連れていかれるのに、この大声だ。即捕まって、罪は二つ。

一つはソビエトの首相をバカにした罪であり、もう一つは、〝大バカヤロー〟であるという、国の大事な秘密をバラした罪だ。

チャスラフスカとコマネチ

チェコの犬とポーランドの犬が国境で会った。

「何処に行くんだい」

「チェコさ」

「何で」

「いくらか食べ物があるだろうから……。お前は何で、何もないポーランドに行くんだ。行ったって何もないよ」

「でも、いくらか大きな声で吠えられる」

そのチェコはプラハでの話。チェコの日本人大使の話だ。直接聞いた話ネ。彼のいうにゃあ、〝よく働いてくれる若いメイドさんがいたので、ご褒美にチューインガムをあげようとしたが、これ全部あげると、何かこっちに下心があると思われると不可ないので一枚をあげた〟といってたっけ。

プラハのホテルにはロビーもなかった。いくらか吠えられるポーランドは「地下水道」のような映画ができるのであろう。

チェコを我々に印象付けたのは、チャスラフスカ。オリンピック体操のチャンピオン、金メダル。後に出てきたのがルーマニアのコマネチ、「ナディア・コマネチ」だ。チェコのベラ・チャスラフスカは反ソビエトで、その頃「二千語宣言」という反ソビエトの行為があり、そのメンバーでもあった。チェコの英雄である。

コマネチは美少女だったが、どうも政府側の首相の倅の女になったように思う。理由は少女のくせに、西側のインタビューに答えている中に〝私はマゾではないのよ〟。マゾ、この少女が何でこんな言葉を識っているのか、と余計なことだが気になった。つまりもう女になっていたのか、とネ……。

ソビエトには「ノーメンクラツーラ」という特種階級があったが、他の国も同様であったろう。ルーマニアのチャウシェスク大統領は、ベルリンの壁が壊れて自由の風が吹いたとき、夫人とともに公開処刑された。銃殺だった。

またジョークの本でも出すか

ドイツも、東ドイツは酷(ひど)いが西ドイツは繁栄した。その現実を背景(バック)に撮ったワイルダーの「ワン・ツー・スリー」を懐かしく想い出す。大好きなJ・キャグニィの最後の主演作であり、キャグニィは例の如(ごと)く喋(しゃべ)りに喋りまくる。それはワイルダーの演出だった。キャグニィはもう一本出ている。最後の最後だ。「ラグタイム」である。

いま、珍しい映像を見ている。おそらくテレビから取ったものだろう、キャグニィがもう歳(とし)で車椅子。役どころもそれに合わせて、車椅子のまま。つまり、古きボクシングのチャンピオンが老いてこの姿。そのキャグニィと孫との交流を描いた物語で、頑固なおじいさんのキャグニィが孫への愛に目覚める、というストーリィ。

その昔のマネージャーで、現在(いま)はキャグニィの車椅子を押している、かつてマネージャーだったその男を演じる役者は、何とアート・カーニーだ。彼は後に「ハリーとトント」でアカデミー賞の主演男優賞を取った。ハリウッドは時折、こういう小作品に出た役者に賞を与える。「マーティ」のアーネスト・ボーグナイン、近頃では「ドライビング・ミス・デイジー」のジェシカ・タンディなどが、そうだ。

すぐに映画の話になる。俺のクセで仕方がない。そう〳〵東ドイツの話だ。

東欧の何処(どこ)だったか、東ドイツの観光客の一行に会ったが、まるで乞食(こじき)の行列であった。そのときの松岡議員の姿は、オール・ウエスタンだ。カウボーイハットに、腕にヒラ〳〵の飾りがついているお誂(あつら)えの革の上衣(うわぎ)、そろいのズボン。憧(あこが)れのスターを眺めるように、東ドイツの人たちは見ておりました。

ベルリンはいい天気なのに、ホーネッカーが傘を差して歩いている。

「オイ、みろ〳〵。ホーネッカーの奴(やつ)は、このいい天気に傘ァ差してるぞ」

「きっとモスクワは雨なんだろう」

野暮(やぼ)に解説すると、ホーネッカーは東ドイツの首相であります。

この種のジョークはいくらもあるが、キリがない。またジョークの本でも出すか。

アフリカの匂い

何でもあるのがナイジェリア、何にもないのがアルジェリア。アルジェリアでは、大人がビールの栓を裏と表で、日本でいう碁みたいなゲームを白昼道路でやっている。フランスから「アルジェの戦い」で勝ち取ったが、貧の極み。「カスバの女」というエト邦枝(くにえだ)のヒット曲があったので出掛けたが、迷路のようなところで、汚(きたね)えの何の。あそこは性欲を冷ましに行くところだ、と正直思った。

一方ナイジェリアのラゴスか。ここも物騒(ぶっそう)。日本人社会や他の企業も一つのエリアの中にあって、それ以外のところは、とても物騒で住めないという。で、帰るというときに、

「車が来ました」

「来たァ? 何で。フライトは夜だぜ。まだ陽(ひ)が当たってるじゃねえか」

「でもネ、夜ンなると車強盗が出るんですよ。ですから昼間のうちにエア・ポートに

……」

「昼は大丈夫なの?」

「や、昼も危ないけど、まァ夜よりは何とか」

「どういう手口で来るんだ」

「道路に車のタイヤを積んじまう。で、車はそこを通るんです」

「そこを通るって、除けてかい」

「いや強行突破。タイヤの上を飛び跳ねていくんですよ」

「もし駄目だったら」

「終わり。全部盗られちゃう」

驚いたネ。でも結果、タイヤはなかった。ちょいとした『蔵前駕籠』である。

志ん朝がいったっけ。

「兄さん、ラゴスに行くって?」

「ウン」

「あそこは危ないよ。税関でも何かいっちゃあいけませんよ。とにかく黙って相手のいう通りにしないとヤバいですよ」

志ん朝のアドバイスを覚えている。ということは、奴もラゴスに行ったんだ。何で行ったのかは聞かなかったが、どうも一席演りに行った風には感じなかった。

まァ、アフリカというとサバンナの動物見物。と来ると、ケニアあたりか。ナイロビには三回くらい行ったか。一度は、一行連れて落語を演りに、もう一度は弟子連れて、これまた落語。ジャカランタの、花が一面に咲いていていい季節でありました。淡い紫色の花は、ケニアの、いやアフリカの桜かな。何十年も経ったが、ナイロビの街を覚えているし、娘を連れても一度行っている。

そのとき、空港に荷物（トランク）を忘れたのを次の小さな空港に行く車の中（タクシー）で気がついた。決断は早いから〝引っ返せ〟。で、あった、ありました。礼に十弗やった。結構な額だがカバンには代えられない。すると奥の方から出てくる〳〵。仕方なく一弗ずつやったが、キリがないので引き上げた。いや逃げてきた。でも、よく在ったもんだ、と感謝をした。

初めて空港に降りたとき、何ともいえない臭い匂い。アフリカの匂いか。鼻をつまみたくなった。しかし人間慣れると平気になるのか、〝あの女、ちょいといきたいネ〟。

ナイロビでは、日航の小倉寛太郎さんにお世話になった。山崎豊子の『沈まぬ太陽』のモデルで、物やさしい紳士。奥方と住んでいた。することがなく、〝狩り〟ばかりしていたが、狩りもうるさくなったので、カメラに替えたそうな。いろ〳〵と見

ケニアで

1989（平成元）年、ケニアのキクユ族の村で

せてもらった。大きく引き伸ばした写真に、何とパイソンがトムソン・ガゼルを飲み込んでいたのがあったが、これは凄かった。

〝車で走っていたら偶然道端でこれに出合ったのですよ〟とのこと。欲しかったが、〝これはァ……〟で諦めた。けど、小倉さんから貰った写真は三、四枚ある。その後帰郷して写真展を東京でやった。で行ったっけ。

貿易の原点

日航の機内のスリッパ、あれは只だ。これェ持ってアフリカはケニアのサバンナにある「木の下商店」へ。

サバンナの中に時折ポツンと立っている一本の樹。その日陰で店を出しているので俺が付けた名だ。「木の下商店」、そこで只のスリッパと手製の帽子二つとを換えた。

イタリーでその帽子をグラッパと取り替えて飲んじゃった。貿易の原点である。

現在の談幸、その頃の談吉をお供に連れていき、泊まりは山の奥の森の中のコテージだ。そこの粗末なバーで二人で飲んだ。シーンとして何も聞こえない。時折、〝キャッ〟と猿か何かが襲われたか、声がするのみ。〝思えば遠くに来たもんだ〟と思ったネ。

ナウル湖のフラミンゴの群れは、そばに行っても逃げない。本当に近づきゃ逃げるがネ。

国定公園が三つも四つもある。一番近いエンテベに行ったときか、途中マサイが草原に槍を持って立っている。唯一人でネ。何しろナイロビを出りゃ、もう公園だ。キリンもいりゃあ、象もいる。ケニヤッタの頃だったかなァ……。

娘とバルーンに乗って、象の行列を上空から見たが、ネズミに似ていた。バルーンなんて乗ってみると面白くも何ともない。燃やす火の煤で汚れるし……。

ケニアでは、人の行かないところにも随分行った。キクユ族の部落に娘と行った(二三三頁写真)。村中踊りでの歓迎だ。で、こっちも踊ったが、疲れたネ。何せ一時間も二時間も踊っている。家ン中ァ見せてもらったが何もなかった。

子供たちの歓迎のゴスペルに感動した。よかったなァ。

子羊を引いてきて〝今晩のご馳走です〟には参った。で、出てきたが、硬かった記憶がある。

案内は、ケニア人を亭主に持った日本人の女。小型飛行機に乗り、俺が操縦した。

〝やめてくださいよ。お願いです〟〝喧せえ〟であった。

ケニアのルオー族の家を上から見ると、丸い家が真ん中に一つ、その周りに小さな丸い家が十五、六軒ある。つまり、亭主と妾の家だ。妾の家の多い奴が偉い、というわけだ。

「ヒポ・ポイント」にも行った。ヒポポタマス、つまりカバの集まる所。川の中に眼だけ見える。面白くも何ともない。

夕焼けの下をトムソン・ガゼルか、インパラか、飛ぶように走る美しさ。

クリスマス・イブをアフリカの田舎のホテルで過ごした想い出がある。クリスマス・イブの余興は、マサイ族が「ギア」という油を全身に塗って（いつも塗っているとか）、槍ィ持って唯飛び上がるだけ。飛び上がるとき、足を曲げずに飛び上がるのがミソなんだそうな。面白くも何ともない。けどそれが、マサイ族の芸だとさ。

木の上に造られたホテル「トゥリートップス」。夜ンなると灯りを頼りにヒヒやハイエナなど集まってくる。ホテルで塩を撒くのにつられてくる、とか。何かが来ると知らせに来たが、〝別段ヘソナメた〟であった。

ハイエナは好きだ。嫌われ者だがよく見ると可愛い顔をしている。ハイエナのショウがあるという。人間が咥えたソーセージをハイエナに食わせるというショウで、結果、ハイエナに人間がソーセージのついでにガブリとやられて、休みでありました。

いかりや長介がアフリカを好きだったのを想い出した。長べエ、いい奴だった。アフリカの魅力にハマると堪らなくなるのも判る。

もっともアフリカったって広いや。アルジェリア、チュニジア、モロッコの上のほうから、ラゴスのような左側にある国、真ん中のコンゴ、ニジェール、マリ、セントラルアフリカ。右の上のイエメンからエジプト、右にマダガスカル。大きな島だ。日本くらいあるかもネ。ケニア、港町のモンバサ、モザンビーク、小さなルワンダ、ブルンジ。下のほうの貧民国、アンゴラ、ナミビア、ザンビア、ボツワナ、ジンバブエ。

そして南ア。こんなこと、地図ゥ見りゃすぐ判るが、私の頭の中にアフリカが入っているのだ。むしろ、解体した元ソビエト連邦のほうが判らない。

おっと、忘れてはいけない。エジプトの左にカダフィ家のリビアがある。ここは酒が絶対にダメだし、共産圏のこの国に観光で訪れる人はいない。

リビアではミスラタという遺跡を訪れた。ミスラタは海岸べりにあったので、素っ裸で泳いだっけ。曰ク、フリチンでミスラタの海で泳いだなァ俺だけだ。

立川談志、泳ぎはガキの頃から得意だ。どんなところでも泳げる。俺が住む文京区は不忍通りの近所、十字路の角で水が出て溜まり、我が家のマンションの玄関にさざ波のように道路から水が流れてくる。その十字路は腰までの洪水。泳ごうと思ったが〝汚えからやめな〟でやめた。今思うに、泳いでおけばよかった。東京は文京区の道路で泳いだのは立川談志独り、と残る。残念なことをした。

現在は、アフリカの種々をテレビで簡単に見られる。その頃、そんなものはなかっただけに、貴重な体験でありました。そう、もう何年、いや何十年経ったか。

その後、ケニア等を案内してくれた奴、たしか「ウォルター・ボコジ」という名だったと覚えている。アフリカの祭を日比谷公園でやるから〝見にきてくれ〟というので行った。で、ウォルター・ボコジを我が家に連れてきた。さぞかし広い家に住んでいるんだろうと思ったのだろう。根津の小さなマンションに住んでいるのを見て、すぐ帰っちゃった。

日航名人会でエジプトに

ナイロビでの日航名人会

アフリカンルーレット

国連のロビーで各国の代表が喋っていた。ソビエトの代表がいった。

「貴方がた、ロシアンルーレットを御存知ですか」

「知りません」

「知ってます。ハリウッド映画『ディア・ハンター』でクリストファ・ウォーケンがやった」

「そうです。決闘に使います。相対する男二人が六連発の拳銃の弾を五発抜いて、中は一発。それをグル〳〵っと回して己の眉間に当て引き金を引きます。〝カチッ〟と音がして弾が出なきゃァ、次は相手。いつかは弾も出るでしょう。一方が死ぬ。これをロシアンルーレットと呼びます」

聞いていたアフリカ代表がいった。

「そのようなものは、我がアフリカにもあります。まず中央に椅子を一つ置き、そこに男が座ります。その周りをグルリと取り巻いた若きアフリカの美人たち。美しいですよ、アフリカの若い女性は……。椅子の男はその中の一人の所に行きます。誰でもいいのです。と、その女性はその男性にお口でサービスをしてくれるのです」

「誰でもいいのですか」

「勿論、誰でもＯＫですよ。いいでしょう」

「なるほど、結構ですが、何故これをアフリカンルーレットと呼ぶのですか」

「この六人の中に一人、人食い人種がいるのですか」


「人食い人種」、懐かしい言葉だ。ウガンダのアミンを想い出した。あのネ、書いている人名等、ほとんど説明はしない。知りたきゃ、そっちで勝手に調べな。ガーナのエンクルマは故国の首相を追われて、ここの首相になった。してみりゃ、ペルーの大統領になった、フジモリ氏。日系人が他国の大統領になったとは、何という素晴らしいことか。それを日本人、誰も応援しなかった。で、いつしか話題も消え、彼も大統領を追われた。


ジョークをもう一つ。人食い人種がアメリカのポリスＢＯＸに来た。

「あのォ、サンドイッチマンというのは何処に居るんです？」

好きなジョークである。

その頃のアフリカの要人、懐かしき名前をあげる。ケニアの星、ケニヤッタ。次のモイまで知っているが、その後は知らない。どこの国だったか、カサブブ、ツオンベ、ポンポコなぞ、いまだに覚えている。

アフリカ、もう行けまい。何、アフリカばかりに非ズ。印度も、ベトナムも、台湾すら無理だろう。伊豆の大島がやっとかな。

黒人と白人、朝鮮人と日本人

ある人の説によると、昔々、ローマ時代か、もっと前のギリシア時代か、そこは黒人の血の支配する国々であり、白人は追われ〳〵てヨーロッパに逃げて文明を築いた。その恨み、執念が黒人の奴隷、軽蔑につながったのだ……。面白い意見だ。

してみりゃ日本人が散々戦前に朝鮮人をバカにしたのも、彼の地にひざまずいた名残かも知れない。

今韓流スターブームというが、私は昔、「韓国の森繁久彌」といわれた金喜甲と仲がよく、後には安聖基。そして「八月のクリスマス」のハン・ソッキュのファンである。

金喜甲は日本語はベラ〳〵。その時代に少年時代を送ったせいもあったろう。

彼とソウルの街を歩くと有名人だから人はふり返る。かまわず、学生街の朝鮮料理屋に入って冷麵（リャンミュンと発音する）を食べたネ。それが辛(から)いの何の。彼にいわせると、〝この冷麵、腰が強くてつながっている〟。途中切らないで一気に最後まで食べるのだそうな。あまりに辛くて、その店に財布を忘れた。あったがネ。

南大門(ナンデエモン)には観光客が来るが、チョイと離れた東大門(トンデエモン)には観光客は来ない。そこが私の遊び場。プロの観光と思い、よく通った。現在は南大門と同じになったろう。

そこの露天の店に入った。カメラを持った観光の日本人は、珍しかったのだろう。冷麵を撮ったら皆一斉に見ている。この冷麵、金喜甲がいったように、つながっているのだ。で面白半分に麵を箸(はし)ではさんで立ち上がったら、ハサミィ持ってきて切ってくれた。そして丼の中の麵も切ってくれた。

アジア映画祭をソウルで催したとき、司会の俗名というか、ステージネームが「フライ・ボーイ」という、アメリカ兵も相手にしていた人気コメディアンがいた。永田(ながた)ラッパが日本に連れてきてテレビ局全部に出させた。俺も一度一緒に出た。空中戦の音の真似だとか、いろ〳〵演(や)ったが売れなかった。懐かしいなァ、フライ・ボーイ。宗教関係で落ち目になったとか、聞いた。もう死んだろう。

ウォーカー・ヒルで聞いたパティ・キム。抜群の歌唱力。小生……小生ときたネ。彼女の大ファンであります。

韓国のミヤリに吉原を想った

「ミヤリ」という場所がある。俗にテキサス・ストリート、つまり吉原だ。道路の脇の路地に三重に細い道があり、そこに大見世、中見世、小見世と並ぶ。つまり昔の張り店だ。

店によって衣装は統一。ここは赤、こっちは緑、こっちは黄色ってなもんだ。初めて古典落語の昔の吉原を想った。

ここに若い噺家を連れてきてやりゃ、いくらバカでもいささか「ひやかし」の気分が判ったろうに。志ん生師匠なら何といったか。〝ウーン、いいよォ。ここは……〟といったかも。

ソウル・オリンピックのために潰され、なくなったとか。

そのオリンピックの女子水泳百米の記事を頼まれ(朝日新聞)、ソウルに行ったこともある。高い所から小さく見えるプール。アナウンスで、ヤレ〝何コースはアメリカのエバンス……〟てなことといわれても、まるで判らない。テレビのほうが判る。

水中から撮ったり、アップを写したり。仕方がなく〝判らねえ〟という記事を書いた。

勿論、朝鮮には何度も行っている。

ソウルの街で屋台のような露天だったが、紬を売っているおばさんがいた。いい紬だ。こっちは暇だから値切りに値切っていたら、この婆ァ、「イイカケンにしろ。ワタシャ、エトッ子だよ〟。啖呵を切られたっけ。

そこで買った紬の入ったカバンが羽田で出てこない。最後まで待ったがやはりダメ。で、待つ間に出てくる大きな箱々。何と中身は青磁とか白磁とか。あの地の歴史的名産を買い上げ、重量オーバーも何のその、それらを日本に運び込んだ奴は政治家。いい塩梅に名前は忘れたが、〝ハハァ、政治家奴、やるなァ〟と思ったっけ。岡山出身の議員だったが……。

ソウルは「明洞」。山を越えた「梨泰院」。この街にはソウルにない民芸品が売っていて、頭の長さ五十センチもある帽子を買った。ディズニーの悪魔の帽子のようで、平気でかぶって町ィ歩いていた。ふり返る奴がいた〳〵。

「木浦の涙」、「黄色いシャツ」つまり「オッチョンジー」だ。懐かしい。もう古典か。

〽トラバヨー・プサンハケ・クリウネ・チョギヨウ

よく唄っていて、山本晋也が〝何です、師匠の歌は〟。そのうちに、〝師匠は凄い。このヒット曲を数年前から歌ってたんですから〟。

奴ゥ連れて、東南アジアを遊んだっけ。ハワイに一日だけ俺を追っかけてきたこともあった。さすが、くたびれたか、ワイキキの浜辺で奴ァ寝ていた。ちょうど持っていた唐辛子を寝ている晋也の口ン中にチョイ〳〵と放り込んだ。熟睡している晋也、夢ン中か、ペッ、ペッと、唾ァ吐いていた。奴との話は多くある。韓国噺も多くある。

ところは韓国。国会議員としての訪問だ。で、スケジュールの中に〝テレビ局も見たい〟とこの俺様。で行きました。ドラマの主役の人たちが挨拶に来る。その中の女性の美しいこと。〝命も不要ない〟と思ったネ。そういうキレイなのが次から次へとやってきて、〝アンニョンハシムニカ〟。命がいくつあっても足りないと思ったっけ。

昔から「朝鮮は南船北馬」という言葉があって、南のほうは河が多く、北は山が沢山ある、ということ。女性もそうで、「北は男、南は女」、いや逆だ、「北が女、南が男」か。北朝鮮のほうが女は美しいとか……。

俺ネ、北朝鮮のテレビに出ている、あのチマ・チョゴリの婆ァ、あれ大好きなのだ。

議員時代、韓国で

どっかの会社でコマーシャルに使わねえかなァ。〝金正日万歳（キムジョンイルマンセイ）ーッ。この薬は金正日将軍（チャングン）も使っています〟とネ。

嗚呼（ああ）、北朝鮮からテポドンが飛んでこないかなァ……また、始まった。

日本語で「気狂い」と称う

共産圏には物資がなかった。サービスはタブーだった。中国にやっと自転車が出はじめた頃、あの広い中国中、自転車は一つの型。サングラスも一つであった。着ているものは、男は人民服、あればかり。

で、これは上海（シャンハイ）でのこと。ふざけて俺がその服を着て、あの帽子、つまり中国スタイル（二四九頁写真）。弟が小籠包（しょうろんぽう）か何か食っていたので、〝それ俺にも寄こせ〟と取り上げたら、周囲の奴に袋叩き（ふくろだた）にあいそうになった。

「違うよバカヤロ、これは俺がふざけてやったんだ」

言葉は判らないが〝中国人ではない〟と納得したか、治まった。つまり中国人はこの服一つ。

中国の女優が、日活の最後になる「落陽（らくよう）」か、映画を撮った。私の友人がプロデュ

人民服を着て

1999（平成11）年、国後島（くなしりとう）の空港で

ースで、金を使った〳〵。中国からユン・ピョウ、アメリカからダイアン・レイン、ドナルド・サザーランド。アメリカでシナトラに〝主題歌を歌ってくれ〟と頼んだが、「俺は今調子が悪いからダメだ。誰でも紹介する、誰がいい」

「ドリー・バードン」

チト小さいネ。で、何とエラ・フィッツジェラルドに決めた。本当だよ。彼が日本語で詩を書き、訳させ、それをエラがその映画で唄(うた)っている。

ユン・ピョウに一億出したとさ。台本を渡して、他に一千万出して〝これで耳をふさいでくれ〟、また一千万出して、〝これで口も封じて欲しい〟。さすがユン・ピョウ、〝これは不要(ブーヤオ)、返します。けど貴方(あなた)にではありません。あくまでも会社に……〟といって受け取らず返した、という。

じゃあ、ダイアン・レインにはいくら、サザーランドにはどれほど、そしてエラには……。大変な額だよ。それで日活が潰(つぶ)れた。

原作はこれまた私の友人の故伴野朗(とものろう)。彼との雪の秋田の屋台での出来事など〳〵。

また書き出すと脱線する。全編脱線である。

ドナルド・サザーランド、家元大好きだ。「鷲(わし)は舞い降りた」、それから……よそう、また映画の話になる。

その映画に中国の女優も呼んだ。ま、たいしたことのない役の女優。程希（ていき）といったか。この娘（こ）の可愛いこと。向こうのプロデューサーの馬（マー）さんがいったネ。
「タンシさん、あの娘に手を出しちゃダメよ。うっかり手を出すと、あの娘の家中の面倒を見ないとならなくなるよ」

ちなみに立川談志、中国読みにすると、「リッツワンタンツー」となる。朝鮮語は「イーチョンタンシー」。日本語で「気狂い」と称（い）う。
アメリカのNBA、昔キングスにいた曲芸師のようなジェイソン・ウィリアムズ。彼の腕に「気違い」と日本語でタトゥーが入っている。彼まだ現役で結構やっている。

そうだ。映画「落陽」の話だっけ。で、その頃の上海の市長、江沢民（こうたくみん）とよく会った、と友人プロデューサーの弁。〝俺、顔で市長室に通れるよ。いつでも会わせる〟とサ。この人（名前はいわないが）の話をすると面白いし凄（すご）いが、キリがない。若きジーンに会った話。ジーン・ケリーだ。鄧小平（とうしょうへい）にも会った話。ホラネ、キリがなくなる。

書いた以外にも、いろ〱な国に行っている。アラスカにも行ったし、南米にも行った。けど、これもキリがない。ヤーメ。

ヨーロッパの三大ブス国。オランダにチェコにユーゴスラビア。

「ねえ、私ってとても四十代には見えないでしょう」

「見えないわねえ。昔は見えたけど……」


あーあ、くたびれた。

第五章
エゴの塊のような気狂いが老いた

がん、声、未完

〝松岡さん〟と呼ぶのはやめてくれ

がん噺を一つ。場所はのど、声帯にできやがった。落語家にとって一番よくねえ場所だ。小指か踵くらいなら驚かなかったんだがネ。

もっともこの十年、いや二十年近くからか、なんぞてえと声をやられてきた。芸人仲間でいう〝オイ、どしたい。調子やってんな〟、あれだ。

で定期的に受診していたが、何年前だったか、ある日、のどをのぞいた女医が〝アラーッ〟とさ。〝アラーッ〟は不可ねえ。こちとらイスラム教じゃあないしネ。で院長先生様に代わり、〝ははァ〟ときた。

「何です？」

「ロイコプラキーといって日本名を〝白板症〟。ロイコプラキーはその直訳です」

結果からいっちまうと、現在喋っているのだから大丈夫だったわけだ。どう大丈夫か、てえと、〝てえと〟ときたネ。余談だが、我が家の倅が幼いときに言やがった。

「パパ、落語家ってのは〝するてえと何かい？〟って言う人でしょ？」

唸ったネ。違えねえ。

お気に入りのビン・ラディンTシャツで

2002（平成14）年11月3日、立川談志高座50周年記念パーティでは金正日Tシャツで。円蔵と

「声帯に白い膜がベッタリで、その下にはがん細胞がある可能性大ですから」といろ〳〵あって〝手術〟ときたネ。で、白板剝(はが)したら、幸運か悪運か、がんがなかった。で「がんもどき」。しかし、のどの皮ァ剝(は)いだから、一(ひ)と月(つき)以上、喋れなかった。という話はそこ〳〵有名で、ガッカリさせたり喜ばせたりした。

原因は、早い話が〝使い過ぎ〟。お喋りだもんなァ。落語家の噺(はなし)の枕(まくら)に、〝何が嫌だって、男のくせにお喋りな奴(やつ)。これは最低ですな〟と、よく演(や)った。ところが驚いたことに、反応の中に〝その通りですな〟があり、〝自分でいって気がつかないんですかネ〟てのもあるから怖い。

そうだ、がん噺だった。その後、声がカスれると……おっと、想い出した。

〽想い出した〳〵よ
　去年の三月の花の頃
　可愛(かわい)いスーちゃんと二人してえ

この「スーちゃん」という歌は、戦前・戦中から、チト不良がかった若者の代表的な替え唄の女の子の名だ。「スーちゃん」……懐かしいなァ。チトすれていて、心優

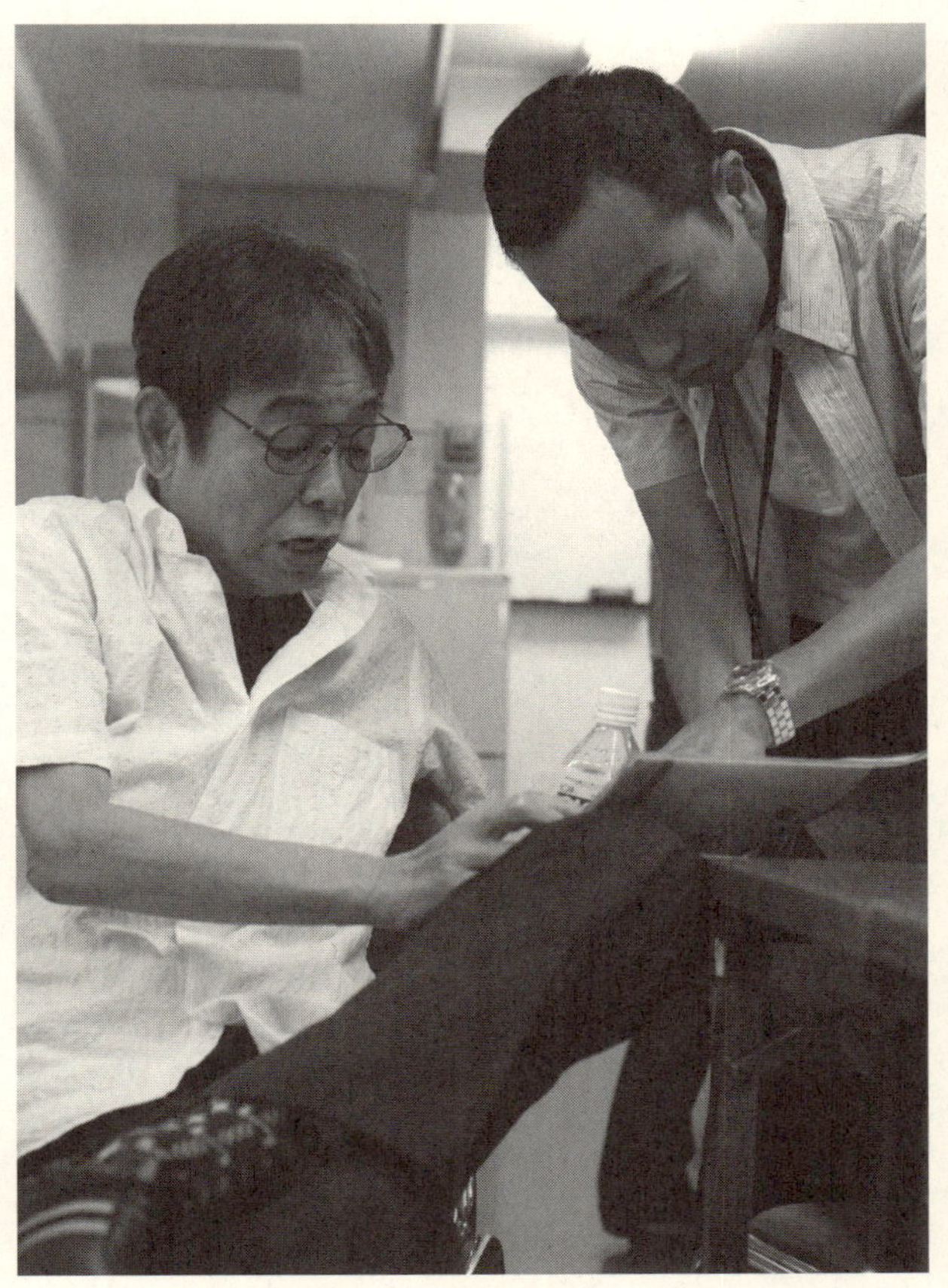

2007（平成19）年9月16日、「談志落語会と昭和名人噺」紀伊國屋ホールの楽屋で。談志役場・松岡慎太郎（談志長男）と（撮影　阿久津知宏）

しく、下品で、それらの集大成の「可愛いスーちゃん」。これ知ってる人、いますか？　いねえだろうなァ……。

国会議員の選挙で日本中を己の名を連呼しながら車で駆け回った。また余談だが、満州が、樺太が、千島列島が、朝鮮がなくてよかった。もし在ったら、さァ大変。

「興安嶺の皆様、立川談志がやってまいりました！」

とてもやってられない。

でも日本はまだ広い。で、怒鳴りがなって一夜明けると、声は出ない。〝アハヨゴザイマス〟……これ、字では表現できない。つまりカスレ声もいいところ、声帯が擦り合わないのだ。

それでも選挙だ。我一人、マイク握って〝談志々々、立川談志〟を連呼していると、なんと夕方近くから、声が分厚くなった。浪曲師のような声（これを胴声と称するのだが）で、凄みが加わって見事になった。田中角栄、石田博英の如き声となる。この二人、もう判んねえだろうなァ……。

加えて独演会は二時間たっぷり。他の奴が入るのが嫌いなのだ。寄席形式は仕方がないが、二人会、三人会、ゲスト……、嫌なのだ。ご承知の如く、開演して幕が開くと、そこに家元立川談志が〝フワッ〟と出てきて、一瞬にして場内の緊張感を和らげる。

あのネ、あのさァ、つまりそういう経験をしてキャリアを積んできた「のど」だ。声帯が参るのは当然も当然、当たり前。小さんの発声を真似ていたということもあるだろう。

ちなみに、五代目小さん、声はワルい。金馬師匠の「よき悪声」とはまた違った、つまり無理して出している声なのだ。で、師匠も独演会三席、若き日であったが、終わりには声がカスれたっけ。ねえ小さん師匠、そうでしたよネ……。

そのうちに、そうなァ七十代に入った頃か。カスレ声がハッキリしてきた。妙な表現だ。

「師匠、声がカスれてますよネ」

「ま、老人の声ンなったんだろう。よく年寄りの声の真似をするとき、こんな声を出すじゃないか」

それにしても、志の輔も悪いネ。〝あ奴と俺とどっちがひどい?〟に、〝同じくらいですな、ええ〟。これにゃ驚いた。〝あんなに俺も、ワルイのか〟とネ。志の輔の奴ァどう感じたかネ。聞きゃ判るが面倒臭え。いや、聞いたが忘れたか。きっとそうだ。

で、がん……。

声のカスレが酷いと、そのつど診てもらっていた。唯診るだけのときもあり、組織をチョイ採りのときもあり、結果は〝大丈夫〟できた。

そういやァ、最初の白板症のときも、ガキの頃から通ってた町医者は、〝私なら「口内炎」で済ませますネ〟。驚っどろいたネ。がんを口内炎だと。結果、口内炎で済んだかも知れない……。

そんなことが続いていたので、耳鼻科にも行ったが、〝まァ、いいでしょう〟。例の町医者も、〝大丈夫ですよ。でも、ま、採るなら採ったほうが安心しますよネ〟。

そりゃそうだ。採る側、つまり医者のほうには何らマイナスはない。商売繁盛ってこった。が、こちとらは堪らない。どうする、どうすべえ。

で日本医大に入院。気の合った医師にめぐり合い、〝やっときましょうよ〟。で、声帯を削ぎ、中身ィ調べたら、がんの初期だとサ。で即手術。のどに放射線、一日三分、

2008（平成20）年10月14日、『談志絶倒 昭和落語家伝』で第7回サライ大賞（BOOK部門）を受賞。その受賞パーティで

同受賞パーティで写真家・田島謹之助（『談志絶倒 昭和落語家伝』の写真を撮影）と（上下共、撮影　阿久津知宏）

二十八回ときたもんだ。ま、病院は近いし、すぐやってくれたし、つまり混んでいない時間にしてくれたのか。

「〝松岡さん、松岡さん〟と呼ぶのはやめてくれ。俺、立川談志っていうんだ。嘘だと思ったら周囲に聞いてみな」

で、〝談志さん〟になったが、〝俺を唯の一患者にしようとするところに無理がある〟と昔、田辺茂一先生が言った言葉を想い出し、それをそのまま言ったもんだ。

私ゃ病院でも立川談志で通した。別に不思議はなかんべさ。

結果は〝予想通りに順調に……〟だとさ。ま、さほどの難病ではないしネ。声は出るようになりました。けど、まだ〳〵だ。そのことは別のところで説明しよう。談志の終焉とつながる話であるからネ……。

一気に老いたと思うようになったのは三、四年前か。能登で講演を頼まれ、頼んできた奴も、間に入った者も、まるでダメ。金取れず、それどころか風邪をひいたか、我が家に帰ったら寒くて〳〵、熱はさほどではないのに怖くてネ。窓も開けられない。もちろん戸外になんぞ、とんでもないこった。それは冬だったな、たしか。

どうも、昔の……ったって、三、四年前のことだ。それも己の身体にかかわることなのに、忘れている。

その後、対馬に、頼まれて行った。独演会の翌日、向こう側のサービスだろう、カヌーで沖に出た。二人乗り。で我も漕いだ。後で聞いたらなんと八キロとか。海水浴場でチョイ裸ンなって海に五分か。海の子立川談志、海に放っときゃ一日だって遊んでいる。つまり泳いでないのだ。遊んでるのだ。もっと凄くなると、水ン中で仮眠ができる。ホントだよ。ほんの一瞬だが、眠れるのだ。

よしゃいいのに陽に体を当てた。そう、二十分くらいか。これで、昔でいう霍乱、日射病。現在いうところの「熱中症」か。帰りの空港でダウン。夜ンなって熱が出て救急病院だ。こんなとき病院が近いのは助かる。

女房ががんで入院していた病室に、奇しくも二週間、俺様も入院だ。肝臓、糖尿等々あって、それら一連の中に〝のど〟があった、という長い〳〵お話。

で、この能登と対馬、このあたりから、一気に老いたような気がしている。

人並みに治っても駄目

声の話に戻さないとネ。つまり、そのネ、人並みに声を出す、ということはできる。つまり〝治った〟ということだ。まだ〳〵カスれるがネ。

発声に無理がある、とはいいながら、何せお喋り。一般人と使う声量が違う。それも桁外れに。だが、それに耐えている、というか、そのお喋り状態の上に立川談志は成り立ってきた。

つまり、人並みに治っても駄目なのだ。

〝だからその状態で新しいモノを、発声の具合を含めて考えて創るのさ。滅多にない機会だよ。新しい談志の誕生になるよ〟……いう奴ァ、間違っちゃあいないし、現にその通りだ。けどネ、昔の歌謡曲の文句じゃないが、

〽そいつゥが判れば、苦労はない

林伊佐緒「もしも月給が上がったら」である。デュエットだ。相手は誰だっけ。ま、いいや。

苦労なくて何ができる、甘ったれるな、というのが一般論だが、私ゃダメ。苦労して作ったものなんて、まったくツマラナイ。

いや、世界が違う、と書くべきか……。

さすりゃあ「偶然待ち」か。いくらか内容を変えた過去噺をしては自己嫌悪、という日々を送るのか。待てよ、それとて、聞いたことのないものであり、落語ファンに

とっては貴重なものだ、と己(おのれ)を納得させるのか。気分のいいときゃ、俺は立川談志、何とかするさ、何とかならァ、何とかしてきた。これは本当。だが、もう何もない、全部出し切った。誰も手をつけていない、いや噺家どもじゃあ手をつけようもない作品を百席喋り、ＣＤにした。そこ〳〵、いや〳〵、けっこう面白く楽しめるのだ。

　この収録のときは、家を出るときにゃあ、迎えの連中に〝もうないよ。今日は一つも浮かばない〟なんと言っていても、スタジオに入ると三席入れちまうのだ。それも面白く、珍しく、我ながら……である。〝面白えじゃねえか〟となる。で、川戸貞吉(かわどさだきち)と草柳俊一(くさやなぎしゅんいち)、両君のアドバイスが多くあったことも記しておく。

　それなのに、御歳七十三歳、声の質が変わり、弱くなり、続かなくなってしまった立川談志、〝まだある〳〵〟と、『黄金餅(こがねもち)』の志(し)ん生(しょう)の枕(まくら)の如(ごと)く、出てくるものが楽しみ、いや苦しみ。いや〳〵偶然の産物を、この狂人は演(や)るかも知れない。

　と書いている今は、そこ〳〵元気なのである。これがしばらくすると、〝ダメだい、そんなこと、〳〵できるわきゃないさ〟……となる日々で、これを〝人生〟というのか、〝これからの人生〟ともいうべきことなのか。

できりゃ、やめたい。死んじゃいたい。ネ、ホラ、すぐこうなる。これらの心情が交差する日々である。〝助けてくれ〟ったって、どうにもなるもんじゃあない。エゴの塊(かたまり)のような気狂(きちが)いが老いたのだ。

〝おいたは、やめなさい〟

セコイ駄洒落(だじゃれ)だ。

精神は老い切れず

平成二十一年、大晦日(おおみそか)、立川談志七十三歳、我ながら驚く。驚くとは、七十三歳という年齢である。この二、三年、一気に老いた。つまり肉体が動かない。精神と肉体の分離が顕著になったのだ。

もと〳〵、この二つ、精神と肉体は相反することが多かったが、若さがこれをあまり感知させなかった。しかし、肉体が〝眠い〟と、精神はこれを起こし、〝もっと速く走れ〟と命じるが、肉体は〝そうはいかない〟という結果を出す。

それが顕著になってきた。

〝オイ、起きろ。これから「独演会」だ〟〝嫌だよ、もういいよ〟〝まァそんなことをいうな。これが終わったら休ませてやる。充分寝ろよ、飲みたきゃ飲めよ〟〝その手

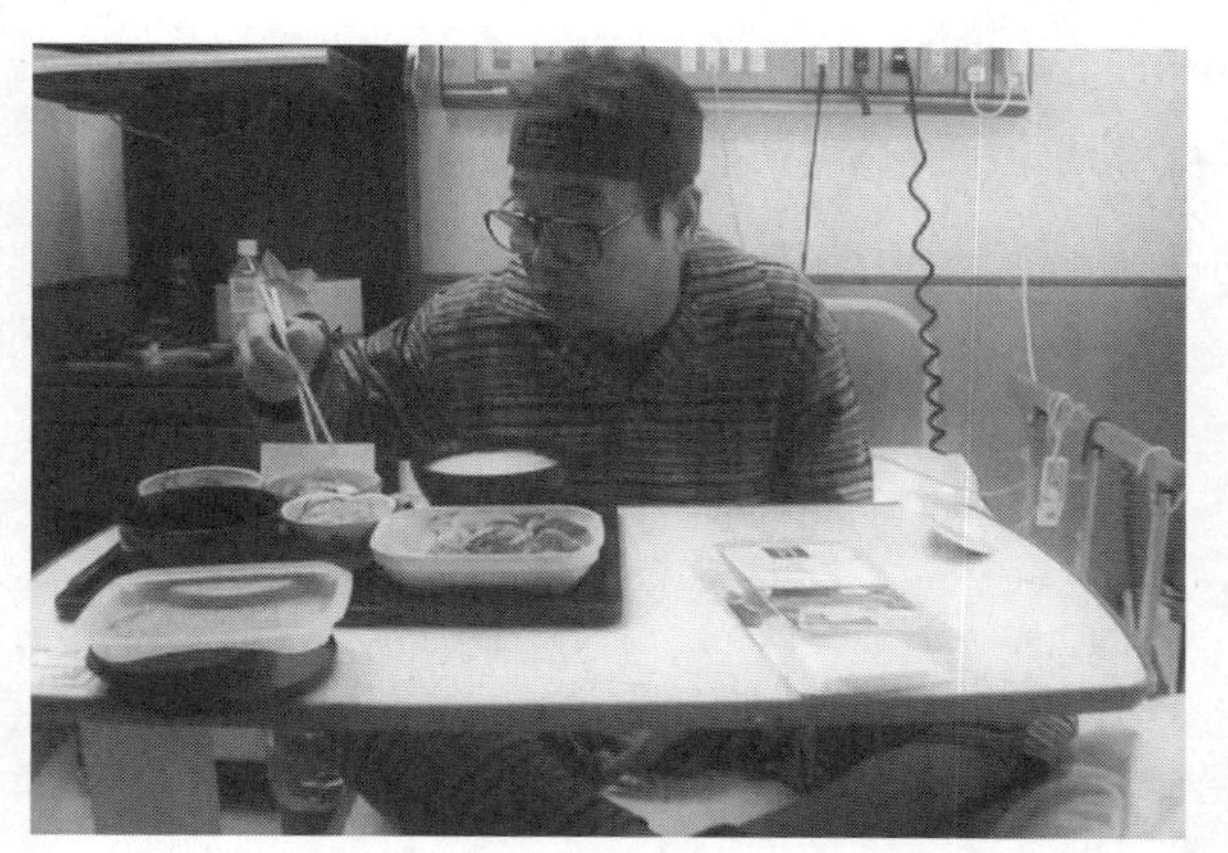

2010（平成22）年2月、入院中の日本医科大学付属病院で

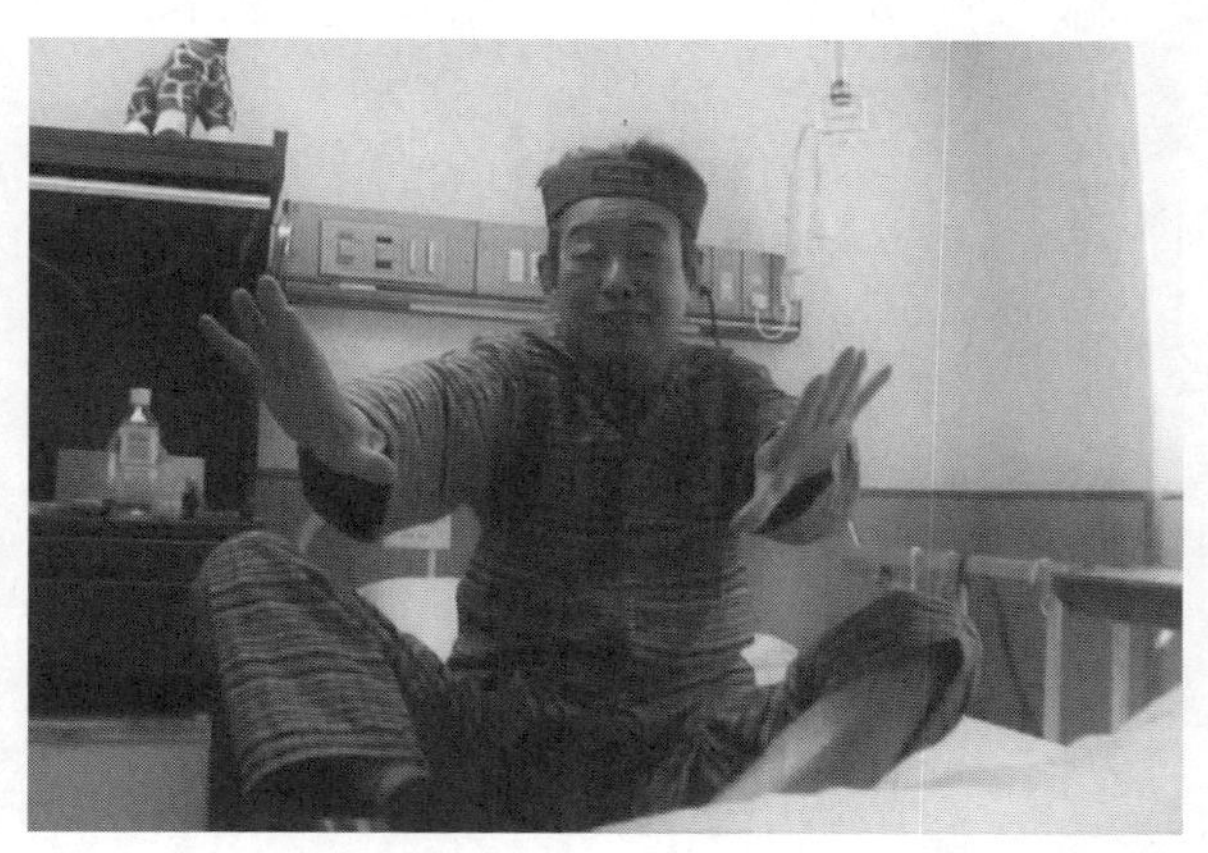

同上、見舞いに来た孫を相手に遊ぶ（上下共、写真提供　dZERO）

はもう散々食らったよ。もういいよ〃……。

つまり、こんな塩梅なのである。なら、諦めりゃあいいのに、精神は未練たらしく〃老い〃切れず、時間がありゃせっついてくる。世の中にゃ、これを「勤勉」なんてほめる奴も出てくるから始末がワルイ。

とはいえ、至極簡単で歩けなきゃそれまで。患って病院とやらに入れられていたのだ。病名は声帯のがん。立派な病気だ。早い話、声が出ない。出ない俺様は、ご承知のとおり落語家である。早い話がお手上げ、商売上がったり。

で、いささかおとなしくしてたっけ。〃もうこれまでか〃という気持ちもあった。これはネ、喋れないから〃ハイ、これまで〃ではなく、いささか喋れるようになってからの発想だ。声が出るようにするために、完治することを前提にやった手術であるから、手術の前は〃これまでか〃ではなかった。

で、一応、そのとおりになり、〃師匠、声が出るようになりましたネ〃は、手術後に会う人のキマリゼリフであった。

だが違うのだ。どう違うのか。これが活字では難しい。喋るのを聞いてもらえりゃすぐ判るのだが……。

人間の会話には並のトーンがあり、時に激昂したり声高にもなろう。けど並のときは、並のトーンでごく当たり前。それがこちとらの職業は因果で舞台。つまり高座で落語を語るとき、一オクターブも二オクターブも高い音で会話をしているのだ。それが普段のときもその延長での会話で生活し、このトーンを維持しておかないと、落語はおろか、小噺もできない。むろん、高座でのことだが。

酔っぱらいが公園を歩いていた。若者が〝腕立て伏せ〟をやっている。酔公これを見て、

「オーイ、女ァ何処に行っちゃったんだ……？」

好きなジョークだ。で、その内容より喋り方の問題なのだ。〝オーイ、女ァ何処に行っちゃったんだ〟と一気に。もっと詳しくいうと、落げに至る声量は微妙に上がっているのである。

現在の談志にはこれがキツい。勿論、プロ中のプロだ。誰も寄せ付けない話芸と内容を持った立川談志である。老いたりとはいえ、落語立川流の家元だ。

このジョークを細かくいうと、観客に解らないように途切れ〳〵に喋っているのだ。加えて「落げ」の〝女ァ何処に行っちゃったんだ〟を普通に喋っていて、観客に〝声が大きくなった〟と感じさせずに演っていた。

それが、がんを患って以来、微妙に声量が大きくなっているのだ。その意識がないと話芸が成立しない。つまり受けない。

くどいが、己の中では〝大きな声を出さねばダメ〟という意識が強くなる。

短いショウとジョークでさえ、これだ。さァこれが一席三十分、四十分と、これまでの家元流にはとても〳〵であり、激昂した会話の中にふと浮かぶ人間の業というか、エゴというか、フロイトは〝エス〟といったか、それらが入り込んでくる談志落語にはとても〳〵の大晦日だ。

何をやってもツマラナイ

近頃、バカが弟子をとる。酷えものだろう。聴かなくても判る。立川流の弟子ぐらいだ、しっかりしているのは。志の輔、志らく、談春、談四楼、ぜん馬。若い談笑もよくなってきた。売れるだろう。

その他いち〳〵名は書かないが、古典をきちんと演っている。なかにはキウイみた

2010（平成22）年4月13日、「立川流落語会」紀伊國屋ホール。8ヵ月ぶりの復帰高座を前に楽屋で

同上、終演後の記者会見で（上下共、撮影　阿久津知宏）

いなのもいるが、こ奴もオレの教育だ。妙なものになるかも知れない。
もし、俺が「笑点」を作らなかったら、現在の落語ブームはなかったろう。俺が落語界を隆盛にし、クズどもを大勢増やした。

落語協会があって落語芸術協会があって、ともに続いてきて、というのは何なのか。どっかに属していないと、物事は成り立たないのか。

〝よく独立した〟というのは先代金馬で、どの団体にも属さずにやっていた。で、死んだと同時に、ある者は円歌の弟子、ある者は小さんの弟子、というふうに弟子はみな分かれていった。

落語立川流は、俺がつくった道だ。けど、俺が死んだって弟子はやっていけるだろう。志の輔は一人でやっていけるだろう。志らくだって、談春だって、みんな落語協会から誘いが来たって入らないだろう。〝会長にしてやる〟といわれても入らないだろう。異質だからネ。

まとまったほうがいい、というのなら、家元に誰がなるのか。誰もならないで、落語立川流という名前だけ置いておくのか。

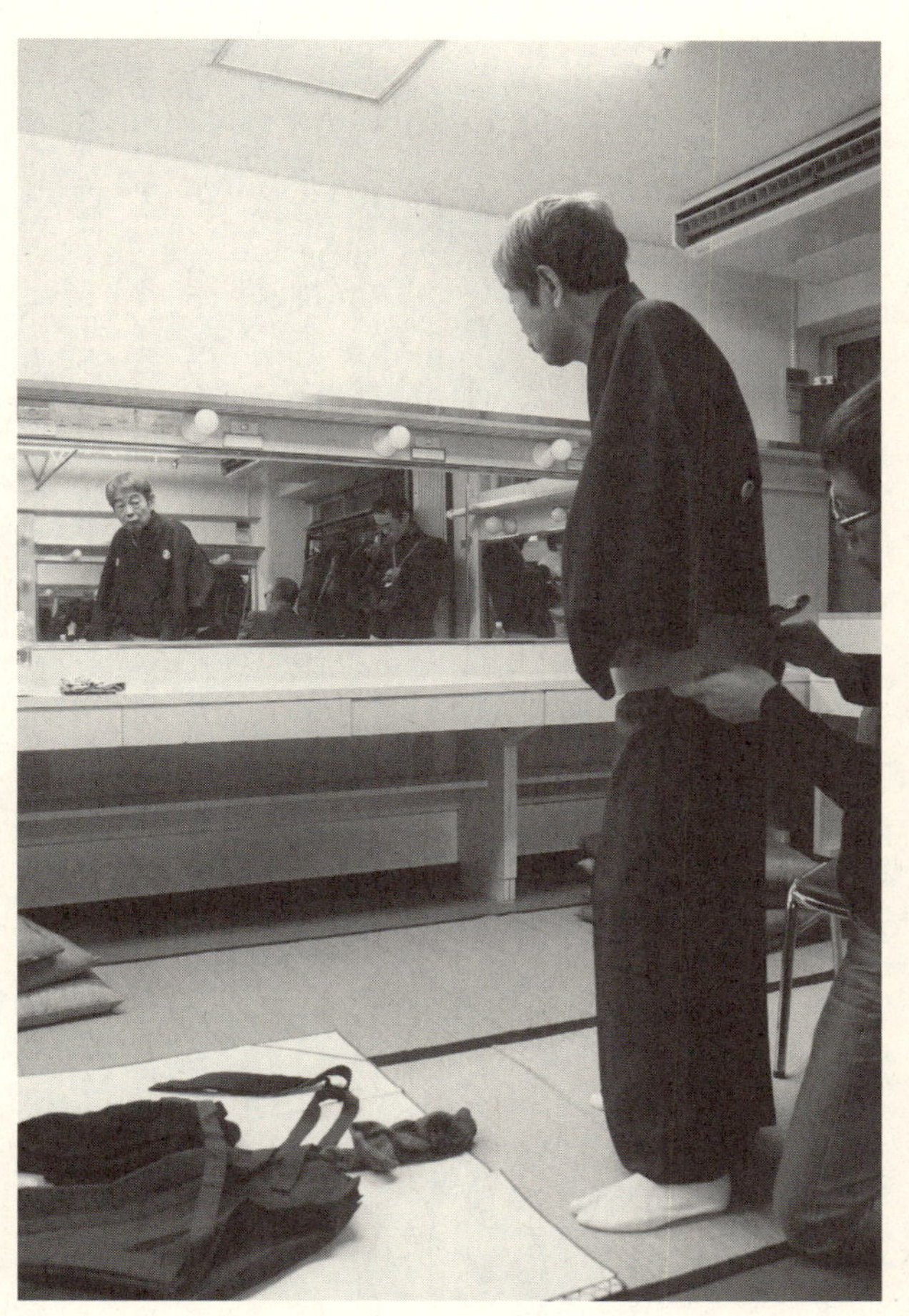

2011（平成23）年1月18日、「立川談志の会」紀伊國屋ホールの楽屋で
（撮影　阿久津知宏）

ハッキリいうと、もう俺は落語なんてどうでもいい。自分を含めてもういい。充分である。後は……知らない。勝手にしな、である。

ま、いずれこうなるとは思っていたし、あとは己が集めてきた資料を、つまり昔を楽しみながら余生を送ろうとしたが、それも面倒ンなった。何ィしてもツマラナイ。でも仕方がないから生きている。

食い物も味は判るが旨くない。もっといやァ、食いたくもない。酒も、酔いも、何もない。声も出ない。話も別にしたくない。唯我が家の三階と六階にいて、原稿書いて、薬ィ飲んで、ウツラ〳〵と日を潰している。いや、時が経っているだけだ。

いつ死んでもいい。けど死にたくもない。〝パパ死なないでネ〟と娘の弓子、〝いつ死んでも大丈夫よ〟と女房、倅はどうか。娘二人を育てているうちに、いつしか忘れるだろう。

だいたい人間、三代に覚えてられりゃあ充分だ、と前に書いたが、西部邁さんは、〝何か一つ残ればそれでいい、としよう〟といった。

人生なんて、所詮暇つぶしか。昔、山口洋子がいったっけ。〝人間なんて、食って、やって、寝て、チョン〟、げにそのとおりである。

2011（平成23）年2月9日、『談志の遺言』（談志市場で配信）の収録。最後の撮り下ろし（写真提供　dZERO）

私が何か喋(しゃべ)る。〝へえ、面白い発想だね〟といわれ、そこから話が続く。その繰り返しで今日まで楽しんできた人生。それにもう飽きたのか。行き着くところまで行ってしまったのか。談志(わたし)はこの程度だったのか。

最後に、ぴったりのジョークがある。


「何しても、ツマラナイのですか？」

「はい」

「スポーツも？」

「はい」

「女性も？」

「はい」

「旅行も料理も？」

「はい、はい、はい、はい」

「やりたいことは何もないんですか？」

「一つだけ、あります」

「一つあればいいんですよ。どんなことですか？」

「満員電車へ乗って、生卵を天井へぶつけたいんです」

ま、こんなところか。

〈未完〉

年表

立川談志七十五年の軌跡

年・年齢	談志（★は本人著作）	演芸界・芸能界	世相・事件
1936（昭和11） 0歳	●1月2日、松岡克由（後の立川談志）生まれる。これは戸籍上の生年月日で、実際には前年の1935（昭和10）年12月2日、東京は小石川に生まれる		●二・二六事件勃発●阿部定事件が起こる
1937（昭和12） 1歳			●盧溝橋事件をきっかけに日中戦争が勃発●日独伊防共協定成立●映画「どん底」公開
1938（昭和13） 2歳		●演芸慰問団「わらわし隊」が中国戦線へ出発（1月）●初代柳家三語楼死去（6月）	●国家総動員法施行●映画「モダン・タイムス」公開
1939（昭和14） 3歳			●ドイツがポーランドに侵攻し第二次世界大戦勃発●国民徴用令が公布され、軍需工場などへの動員が始まる
1940（昭和15） 4歳		●警視庁主導のもと演芸界は「講談落語協会」に統一●講談落語協会、艶笑物・博徒物・毒婦物・白浪物の口演禁止	●大政翼賛会発足●映画「駅馬車」「大平原」公開

年・年齢	談志（★は本人著作）	演芸界・芸能界	世相・事件
1941（昭和16） 5歳			●小学校が「国民学校」に改編され、義務教育が6年から8年になる●米が配給制になる●日本軍が真珠湾攻撃、アメリカ・イギリスなどへ宣戦布告
1942（昭和17） 6歳	●東調布第三小学校に入学。貸本屋通いを始める	●歌手の徳山璉死去（1月）●三代目柳家つばめ死去（2月）	●「欲しがりません勝つまでは」が標語に●戦争に協力的でない人間に対する「非国民」という呼び方が使われるようになる
1943（昭和18） 7歳			●戦局が悪化
1944（昭和19） 8歳		●歌手の上原敏死去（7月）	●学童疎開が始まる●本土への空襲が本格化
1945（昭和20） 9歳	●埼玉県の深谷に疎開●宮城県の根白石村に疎開	●三代目三遊亭円馬死去（1月）●戦後初の歌謡曲番組がＮＨＫラジオで放送開始（9月）●「講談落語	●東京大空襲●広島・長崎に原子爆弾投下●敗戦により連合国軍による日本統治が始まる●戦

		協会」解散。元の形態である「東京落語協会」「日本芸術協会」に戻る	争で国土が荒廃し食糧難に。焼け跡にヤミ市が立つ●戦後初の映画「そよかぜ」封切り
1946（昭和21） 10歳	●伯父に連れられて行った浅草松竹演芸場で初めて寄席を見て、落語に夢中になる	●四代目柳家小さん、「東京落語協会」会長に就任。「落語協会」として新発足（10月）●日本初のクイズ番組「話の泉」（NHKラジオ）がスタート（12月～1964年）	●連合国軍総司令部（GHQ）による映画検閲が始まる●映画「カサブランカ」公開
1947（昭和22） 11歳		●四代目柳家小さん死去（9月）●八代目桂文治、落語協会会長に就任●NHKラジオの「日曜娯楽版」「二十の扉」が始まる	●日本国憲法が施行される●喫茶店が復活●映画監督のエルンスト・ルビッチ死去（11月）
1948（昭和23） 12歳	●新制東京中学校に入学●このころ、英語塾に通うがすぐにやめる●このころから、新宿末広亭を中心に寄席通いを始める	●歌手で俳優の二村定一死去（9月）●岡晴夫「憧れのハワイ航路」発売（9月）	●太宰治が玉川上水で入水自殺●ロンドンオリンピック開催。日本は不参加●映画「逢びき」公開
1949（昭和24） 13歳			●アメリカの映画監督ヴィクター・フレミング死去（1月）●映画「大いなる幻影」「若草物語」公開

年・年齢	談志（★は本人著作）	演芸界・芸能界	世相・事件
1950（昭和25）14歳	●三代目三遊亭歌笑の死にショックを受ける	●三代目三遊亭歌笑死去（5月）	●朝鮮戦争による特需で日本の景気が回復へ●金閣寺が放火により焼失●映画「イースター・パレード」公開
1951（昭和26）15歳		●津村謙「上海帰りのリル」が大ヒット	●GHQ最高司令官マッカーサーが解任され帰国。「老兵は死なず、ただ消え去るのみ」とコメント●邦画初の総天然色映画「カルメン故郷に帰る」公開
1952（昭和27）16歳	●私立東京高校を1年生で中退。五代目柳家小さんに入門（4月）。前座名は「小よし」●新宿末広亭の昼席に『浮世根問』で初高座（4月）	●NHKラジオで「君の名は」放送始まる（4月～1954年）●二代目林家染丸死去（11月）	●日航機が三原山に墜落●GHQによる日本占領が解除●再軍備反対などをとなえる人々と警官隊が衝突し、1500人以上が負傷した「血のメーデー」事件起こる●映画「殴り込み一家」「真昼の決闘」「白熱」公開
1953（昭和28）17歳		●日本のテレビ史上初のクイズ番組「ジェスチャー」（NHK）放映開始（2月～1968年）。初代柳家金語楼が出演●二代目桂春団治死去（2	●麻薬取締法公布●テレビ放送がスタート。テレビ受像機が高価だったため、街頭テレビが主流●映画「雨に唄えば」「禁じら

	1954（昭和29） 18歳	1955（昭和30） 19歳	1956（昭和31） 20歳
	●二つ目に昇進、「小ゑん」と改名（3月）	●このころ、石井伊吉（のちの毒蝮三太夫）と知り合う●若手の精鋭数人で「若手落語会」を発足	●このころから、キャバレーのショーに出演するようになる
月）●五代目柳亭左楽死去（3月）		●初代柳家権太楼死去（2月）●八代目桂文治死去（5月）●八代目桂文楽、落語協会会長に就任	●東横ホールで「東横落語会」がスタート（5月）●歌手、作詞作曲家、政治家の石田一松死去（1月）●三代目春風亭柳好死去（3月）●「お笑い三人組」（NHK）テレビ放映開始（11月～1966年）
れた遊び」「シェーン」公開	●第五福竜丸がアメリカの水爆実験により被ばく●東宝映画「ゴジラ」公開●映画「第十七捕虜収容所」「アンリエットの巴里祭」「嘆きのテレーズ」「ローマの休日」「赤と黒」公開	●石原慎太郎著『太陽の季節』がベストセラーに。主人公のような享楽的な生き方の若者が「太陽族」と呼ばれる●映画「ショウほど素敵な商売はない」「旅情」「男の争い」「俺たちは天使じゃない」公開	●経済白書で「もはや戦後ではない」とされる●「週刊新潮」創刊●全国的に映画館新築ブーム●映画「われら巴里ッ子」「赤い風船」「白鯨」公開

年・年齢	談志（★は本人著作）	演芸界・芸能界	世相・事件
1957（昭和32） 21歳	●このころ、若手落語家仲間が集まり草野球チームを結成●銀座で偶然フレッド・アステアに会い感激。中川三郎門下となりタップダンスを始める	●五代目古今亭志ん生、落語協会会長に就任●上方落語協会結成（4月）	●売春防止法施行●「週刊女性」創刊●映画「幸福への招待」「八十日間世界一周」「昼下りの情事」「パリの恋人」「リラの門」「マダムと泥棒」公開
1958（昭和33） 22歳		●第1回「日劇ウエスタンカーニバル」開催（2月）	●プロ野球・巨人軍の長嶋茂雄が新人王を獲得●皇太子妃が正田美智子に決定。「ミッチーブーム」が起こる●東京タワー完工式●映画入場者数がピークに（11億2745万人）●NHKテレビの受信契約数が100万台を突破●フラフープが爆発的なブームに●映画「十戒」「モンパルナスの灯」「情婦」公開
1959（昭和34） 23歳	●エスビー食品「モナカカレー」のCMに出演	●ハナ肇とクレージーキャッツを起用した時事コント番組「おとなの漫画」（フジテレビ）放映開始（3月〜1964年）●演芸バラエティ「お笑いタッグマッチ」（フジテレビ）放映開始（3月〜1967	●皇太子（今上天皇）成婚●伊勢湾台風で5000人以上の犠牲者が出る●映画「リオ・ブラボー」「お熱いのがお好き」「南太平洋」公開

		年）。司会は五代目春風亭柳昇●八代目春風亭柳枝死去（10月）	
1960（昭和35） 24歳	**●「若手落語会」の会場となった第一生命ホールで働いていた栗栖則子と結婚（12月）**●エスビー「ホンコンやきそば」のCMに出演●ラジオ「歌謡夕刊」（TBSラジオ）に出演（～1960年）	●五代目立川ぜん馬死去（4月）	●反安保運動激化のなか、新日米安保条約調印●池田勇人首相が「所得倍増計画」を発表●ダッコちゃん人形が人気に●映画「ベン・ハー」「太陽がいっぱい」「真夏の夜のジャズ」「アパートの鍵貸します」「チャップリンの独裁者」「オーシャンと十一人の仲間」公開
1961（昭和36） 25歳	●ラジオドラマ「空中劇場」（ラジオ東京）に出演●テレビ「ザ・ハイティーン」（NETテレビ）レギュラー	●三代目桂三木助死去（1月）●喜劇俳優、古川ロッパ死去（1月）●バラエティーショー「シャボン玉ホリデー」（日本テレビ）始まる（6月～1972年）●歌手の津村謙死去（11月）	●ソ連で人類初の有人宇宙飛行。搭乗者ガガーリンが「地球は青かった」とコメント●映画「ティファニーで朝食を」「ウエスト・サイド物語」公開
1962（昭和37） 26歳	●テレビ「歌まね読本」（TBSテレビ）司会	●三代目古今亭志ん朝が真打ち昇進●コメディ番組「てなもんや三度笠」（朝日放送）放映開始（5月～1968年）	●歌声喫茶が大流行●NHKテレビの受信契約数が1000万台を突破●テレビで「ベン・ケーシー」「コンバット」など放映

年・年齢	談志（★は本人著作）	演芸界・芸能界	世相・事件
1963（昭和38） 27歳	**●真打ちに昇進、「五代目立川談志」を襲名（4月）**●テレビ「夢であいましょう」（NHK）に出演（12月）●アニメ「ドラ猫大将」にチューチュー役で声の出演。決まり台詞は「大将、シャレになんねえぜ」	●八代目桂文楽、落語協会会長に再び就任●小説家、劇作家、俳人の久保田万太郎死去（5月）●四代目鈴々舎馬風死去（12月）	●日本初の本格テレビアニメ番組「鉄腕アトム」が放映開始●初の日米テレビ中継でケネディ大統領暗殺のニュースが流れる●映画「アラビアのロレンス」「007は殺しの番号」「大脱走」公開
1964（昭和39） 28歳	●テレビドラマ「お笑いハッスル長屋」（日本テレビ）に出演●テレビ「ごきげんバラエティー」（NETテレビ）レギュラー●東京プリンスホテルで七夜連続リサイタル「談志と落語のすべて」開催（3月）●舞台「女は風船そよ風まかせ」（日劇ミュージックホール）に出演（6月～7月）●連載対談「ハイ！談志です」（「平凡パンチ」、～1964年）●テレビ「まんが学校」（NHK）司会（～1967年）	●二代目三遊亭百生死去（3月）●八代目三笑亭可楽死去（8月）●二代目三遊亭円歌死去（8月）●三代目三遊亭金馬死去（11月）	●東京オリンピック開催●東海道新幹線が開業●トンキン湾事件をきっかけに、アメリカがベトナム本格介入●映画「マイ・フェア・レディ」「サミー南へ行く」公開
1965（昭和40） 29歳	**●「立川談志ひとり会」第1回（紀伊國屋ホール）開催**●プロダクション「現代センター」に所属●テレビ「金曜	●六代目三遊亭円生、落語協会会長に就任	●日韓基本条約調印●日本テレビ、初のナイトショー「11PM」放送開始●アメリカが北爆を開

年	談志	落語界	世相
	夜席」（日本テレビ）レギュラー（〜1966年）★『現代落語論』（三一書房）★『あらイヤーンないと』（有紀書房）		始●モンキーダンスが流行●ピンク映画が日本映画の約40%を占める（218本）●映画「素晴らしきヒコーキ野郎」公開
1966（昭和41） 30歳	●「立川談志ひとり会」第2回〜第13回（紀伊國屋ホール）●漫談「一億総キセル論」に賛否両論●**テレビ「笑点」（日本テレビ）初代司会（〜1969年）**●テレビ「バッチリ横丁」（日本テレビ）レギュラー（〜1967年）●映画「落語野郎大脱線」（東宝）、「落語野郎大馬鹿時代」（東宝）出演★『笑点』（有紀書房）★『東京横浜 夜をたのしむ店』（有紀書房）★『まんが学校 だれでもかけるまんが入門』（共著、三一書房）	●紙切りの初代林家正楽死去（4月）	●日本の総人口一億人突破●ビートルズ来日●喜劇役者、映画監督のバスター・キートン死去（2月）●映画「ドクトル・ジバゴ」「テキサスの五人の仲間」「男と女」公開
1967（昭和42） 31歳	●東宝演芸場で野坂昭如と漫才（10月）●天地総子の初リサイタル、第1部『明治百年』を作・演出（10月）●「東宝名人会」で前田武彦と「座談漫才」（10月）●「立川談志ひとり会」第14回〜第25回（紀伊國屋ホール）●牧野周一と漫談論争を展開●個人事務所「談志プロダクショ	●二代目桂小文治死去（11月）	●インドネシアのスカルノ大統領が解任される●世界中でヒッピームーブメントが盛り上がりを見せる●映画「夜霧よ今夜も有難う」「夜の大捜査線」公開

年・年齢	談志（★は本人著作）	演芸界・芸能界	世相・事件
1967（昭和42） 31歳	ン」設立●連載エッセイ「寄席交遊録」（「読売新聞」、～1968年）●映画「落語野郎大爆笑」（東宝）、「落語野郎大泥棒」（東宝）、「クレージーの怪盗ジバコ」（東宝）出演●テレビドラマ「アイウエオ」（NHK）のナレーション（～1968年）●ラジオ「お笑い指定席」（TBSラジオ）司会（～1968年）★レコード『笑点音頭』（キングレコード）	●五代目一龍斎貞丈死去（7月） ●九代目土橋亭里う馬死去（12月）	●各地で大学紛争激化●原子力空母「エンタープライズ」佐世保に入港●全テレビ局がカラー放映開始●映画「俺たちに明日はない」「卒業」公開
1968（昭和43） 32歳	●人形町末広で独演会（1月）●雑誌「現代」で遠藤周作・瀬戸内晴美（のちの寂聴）と鼎談（3月）●テレビドラマ「しまった！」に主演（7月）●テレビ「婦人ニュース」（TBSテレビ）で「立川談志の国語教室」出演。横文字の氾濫を批判（7月）●銀座のバーで勝新太郎と喧嘩●テレビ「芸能百選」（NHK）で三代目三遊亭金馬と共演（9月）●大阪で開かれた「松竹名人会」で三代目古今亭志ん朝らと共演●「立川談志ひとり会」第26回～第29回（イイノホール）		

	1969（昭和44） 33歳
●大阪の心斎橋で暴力団員とケンカし、頭部を三針ぬう全治10日の負傷（11月）●売春参考人で警察に呼び出される●テレビ「スターなんでも大会」（日本テレビ）レギュラー審査員（～1969年）●テレビ「スタジオ0・おんなのテレビ」（TBSテレビ）司会●ラジオ「街角ティーチ・イン──わたしはいいたい──」（ラジオ日本）司会●映画「悪党社員遊侠伝」（松竹）、「昭和元禄ハレンチ節」（松竹）、「まっぴら社員遊侠伝」（松竹）、「極道社員遊侠伝」（松竹）出演★『勝手にしやがれ』（桃源社）	●テレビ「夜の笑待席」（日本テレビ）司会、五代目柳家小さんと漫才（3月）、横山ノックと漫才●「談志ひとり会」第30回（イイノホール）～第34回（紀伊國屋ホール）●「まむしプロダクション」設立●**衆議院議員選挙に出馬、落選**●テレビ「欲ばり大作戦」（テレビ東京）レギュラー●映画「猛烈社員スリゴマ忍法」（松竹）出演●アニメ
	●小説家、落語・歌舞伎評論家の安藤鶴夫死去（9月）●テレビで「巨泉×前武ゲバゲバ90分」（日本テレビ、～1971年）「8時だョ!全員集合」（TBS、～1985年）放映開始
	●東大安田講堂攻防戦。逮捕者は600名以上●反戦団体「ベ平連（ベトナムに平和を！市民連合）」が新宿西口地下広場で反戦フォークを歌い始める

年・年齢	談志（★は本人著作）	演芸界・芸能界	世相・事件
1969（昭和44） 33歳	「千夜一夜物語」（虫プロダクション・日本ヘラルド）声の出演★『やんぐ・らぶ・いん』（共著、サンケイ新聞社）★『ないと&ジョーク』（桃源社）●ラジオ「談志・円鏡歌謡合戦」（ニッポン放送）レギュラー（～1973年）		
1970（昭和45） 34歳	●テレビ「グランド・パレード」（CBCテレビ）でヘレン・メリルと共演（1月）	●人形町末広が閉場（1月）●コメディアン、俳優、歌手の榎本健一（通称エノケン）死去（1月）	●大阪万博が始まる●よど号ハイジャック事件が起こる●三島由紀夫割腹自殺
1971（昭和46） 35歳	**●参議院議員選挙全国区に50位で最下位当選を果たす。**ギリギリの当選について「真打ちは最後に上がるものだ」（6月）●大阪で街頭国会報告。「参議院は文化院にしちまえ」と発言（8月）●このころ「ブスの行き先は緑のおばさん」発言が世間の反感を買う●「目黒名人会」復活を手はじめに寄席経営に進出（12月）●テレビ「やじうま寄席」（日本テレビ）レギュラー（～1980年）●映画「喜劇いじわる大障害」（日活）	●漫才師の横山エンタツ死去（3月）●八代目桂文楽死去（12月）●六代目三升家小勝死去（12月）	●沖縄返還協定調印●マクドナルド第1号店が開店●ドル・ショックにより株価が大暴落●ボウリングブームが起こる

	出演★レコード『談志／夢の寄席』（日本ビクター）		
1972（昭和47） 36歳	●選挙応援で「新聞はウソばかりで正しいのは日付だけ」と発言。各社から抗議をうける★『立川談志のなまいき論』（アド・サークル出版部）	●五代目柳家小さん、落語協会会長に就任●歌手の東海林太郎死去（10月）●初代柳家金語楼死去（10月）	●連合赤軍による「あさま山荘事件」が起こる●札幌オリンピック開催●日中国交正常化
1973（昭和48） 37歳	●参議院逓信委員会でＮＨＫの出演料について追及	●三代目三遊亭小円朝死去（7月）●五代目古今亭志ん生死去（9月）	●オイルショックで原油価格高騰、トイレットペーパーの買い占め騒ぎが起こる●「刑事コロンボ」がブームに●映画「ゲッタウェイ」公開
1974（昭和49） 38歳	●参議院逓信委員会でＮＨＫの赤字について追及●国会で田中角栄首相に質問★レコード『立川談志落語独演会 つきうま・道灌・たぬき・子ほめ』（ローオンレコード）	●五代目柳家つばめ死去（9月）	●『ノストラダムスの大予言』がベストセラーに。オカルトブームが加熱●『かもめのジョナサン』が3ヵ月でミリオンセラーに●作家の野坂昭如、作詞家の永六輔、俳優の小沢昭一が「中年ご三家」として人気を呼ぶ●ユリ・ゲラー来日。超能力ブームが起こる●田中角栄内閣に代わ

年・年齢	談志（★は本人著作）	演芸界・芸能界	世相・事件
1974（昭和49） 38歳			り、三木武夫内閣が成立●映画「スティング」公開
1975（昭和50） 39歳	**●沖縄開発庁政務次官となるが、二日酔いで初視察、1ヵ月で辞任（1月）**	●歌舞伎役者の八代目坂東三津五郎がフグ中毒で死去（1月）	●ベトナム戦争が終結●沖縄海洋博覧会開催●広島カープが初優勝●不況が深刻化し、「〝ん〟の字不況」と呼ばれる●山陽新幹線が全線開業●作家の梶山季之が死去（5月）●映画「ザッツ・エンターテインメント」「ジョーズ」公開
1976（昭和51） 40歳	●モーターボートで骨折、椅子に座って高座をつとめる●タバコを吸いはじめる ●映画「喜劇大誘拐」（松竹）出演	●講談師の五代目神田伯山死去（11月）●五代目古今亭今輔死去（12月）	●ロッキード事件発覚し、田中角栄前首相が逮捕される
1977（昭和52） 41歳	**●参議院議員の任期満了**	●七代目橘家円太郎死去（8月）	●ピンク・レディーが大人気●チャールズ・チャップリン死去（12月）
1978（昭和53） 42歳	●映画「出張トルコ　また行きます」（にっかつ）出演	●九代目桂文治死去（3月）●六代目三遊亭円生が中心となり、七代目橘家円蔵、三代目古今亭志ん	●新東京国際空港（成田空港）が激しい反対運動のなか開港●映画「サタデー・ナイト・フィ

年			
		朝、五代目月の家円鏡らが落語協会を脱退、「落語三遊協会」を創設。しかし直後、円生の直系一門以外は落語協会に復帰（5月）●作詞家の島田磬也死去（11月）	ーバー」が起爆剤となり、ディスコブーム●映画「オー！ゴッド」公開
1979（昭和54）43歳	●映画「快楽昇天風呂」（にっかつ）出演★レコード『源平盛衰記」「慶安太平記」立川談志ＶＳ木村松太郎』（東芝ＥＭＩ）	●作曲家の藤浦洸死去（3月）●六代目三遊亭円生死去（9月）●五代目三遊亭円楽一門以外は落語協会に復帰。円楽は「大日本落語すみれ会」を創設	●米スリーマイル島で原発事故発生●東京でサミット（先進国首脳会議）。アジアで初の開催●「ディア・ハンター」公開
1980（昭和55）44歳	●藤山一郎と対談（2月）●アダチ龍光と対談（2月）●テレビ「花王名人劇場 談志が惚れた名人芸 明治320歳」（フジテレビ）出演（3月）★レコード『ドキュメント 立川談志』（ビクター音楽産業）★カセット『ＮＨＫ落語名人選30 立川談志 鼠の穴・天災』（ポリドール）	●漫才師のリーガル千太死去（5月）●初代林家三平死去（9月）●落語協会、真打ち昇進試験を導入（10月）●このころから、Ｂ＆Ｂ、ツービート、紳助竜介らを中心として漫才ブーム始まる	●モスクワオリンピック開催。日本は不参加●東京・原宿に「竹の子族」が出現。路上を奇抜な衣装で踊りまわる
1981（昭和56）45歳	●テレビ「ＮＨＫ特集 びんぼう一代～五代目古今亭志ん生～」（ＮＨＫ）案内	●紀伊國屋書店創業者の田辺茂一死去（12月）	●スペースシャトル初の打ち上げ●エジプトのサダト大統領暗

年・年齢	談志（★は本人著作）	演芸界・芸能界	世相・事件
1981（昭和56） 45歳	役として出演（3月）●テレビ「ポップス倶楽部 大爆笑・立川談志の毒舌言いたい放題」（テレビ東京）出演（10月）★レコード『落語トーク&Talk Vol. 1』（ビクター音楽産業）		殺
1982（昭和57） 46歳	**●「立川談志30周年記念披露」（国立演芸場）開催**●ラジオ「芸能放談」（ラジオ日本）出演（〜1983年）★カセット『談志が選んだバレばなしセクシートーク（艶笑落語）』全十巻（ワーナー・パイオニア）	●林家彦六死去（1月）●女優、タレントの江利チエミ死去（2月）●作詞家の藤田まさと死去（8月）●漫才師の中田ダイマル死去（9月）●十代目金原亭馬生死去（9月）●奇術師のアダチ龍光死去（10月）●歌手の灰田勝彦死去（10月）	●映画「E. T.」日本公開。当時の史上最大の興行収入を記録

年・年齢	談志（★は本人著作）	落語立川流	演芸界・芸能界・世相・事件
1983（昭和58） 47歳	●一門の小談志と談四楼が、5月に行われた落語協会の真打ち昇進試験に不合格となる。以前より昇進試験の審査基準、落語協会の体制に疑問を感じていたが、これを機に**落語協会を脱会（6月）**●テレビ「NHK寄席 円楽・談志〝激突落語コンサート〟」（NHK）出演（不定期、～1985年）★レコード『やらせろ』（けしかけ女の会）	●**落語立川流を創設、家元となる（11月）**。立川流独自のコース制を発案。従来の一門をAコースとし、他に著名人対象のBコース、一般人対象のCコースを設ける●設立当時のBコース入門者は、毒蝮三太夫（毒まむ志）、高田文夫（藤志楼）、立川文志、ビートたけし（錦之助）●山本晋也（談遊）、Bコース入門●談々（のちの朝寝坊のらく、その後廃業）、入門（12月）	●漫談家・女優の都家かつ江死去（9月）●NHKで「おしん」放映。ブームに●東京ディズニーランド開園●大韓航空機撃墜事件●戸塚ヨットスクール事件で校長の戸塚宏を傷害致死の疑いで逮捕
1984（昭和59） 48歳	●映画「愛染恭子の未亡人下宿」（にっかつ）に風呂屋役で出演	●関西（のちの文都）、入門。上岡龍太郎（右太衛門）、Bコース入門（2月）●談春、談秋（のちに廃業）、入門。松岡悟（藪医志）、Bコース入門（3月）●生原正久（談七）、Bコース入門（4月）●**談四楼、小談志（のちの四代目喜久亭寿楽）、真打ち昇進（5月）**●このころ、半年に14～15人が大量に入門。しかしことごとく	●四代目林家小染死去（1月）●四代目三遊亭円遊死去（1月）●二代目春風亭梅橋（もと柳亭小痴楽）死去（1月）●ロス疑惑で三浦和義に対する過熱報道●新紙幣が発行される。1万円札が福沢諭吉、5000円札が新渡戸稲造、1000円札が夏目漱石●ア

年・年齢	談志（★は本人著作）	落語立川流	演芸界・芸能界・世相・事件
1984（昭和59） 48歳		辞めるので、兄弟子のいじめが疑われる●横山ノック（禿談次）、Bコース入門（9月）●志の輔、二つ目昇進（10月）●山口洋子（談桜）、Bコース入門（11月）	メリカの映画監督サム・ペキンパー死去（12月）
1985（昭和60） 49歳	●「第13回 日本放送演芸大賞」（フジテレビ）話題賞受賞（1月）●「立川企画」に移籍●このころ、川戸貞吉宅の葬儀で五代目柳家小さんと大喧嘩●連載エッセイ「談志とその仲間」（「東京タイムズ」、～1986年）●テレビ「演芸指定席 しゃかりき談志 ひとり舞台」（NHK）出演（5月）●テレビ「演芸指定席 今も昔もうわさ話はスキャンダル」（NHK）出演（12月）●ラジオ「真打ち競演」（NHK ラジオ第1）出演●映画「絶倫海女しまり貝」（にっかつ）出演★『あなたも落語家になれる』（三一書房）	●**前座の仕事ぶりの悪さに耐えかねた談志が、前座の談々、関西、談春、談生を築地の魚河岸へ修業に出す。以後しばらく、入門した弟子は築地の魚河岸で働くのが通例となる**●右近（のちに廃業、放送作家として活動）、入門（4月）●滝大作（大御所）、Bコース入門（6月）●堀内美希（志津歌）、Bコース入門（7月）●志らく、入門（10月）。築地の魚河岸での修業を断固として断る●野坂昭如（転志）、Bコース入門（12月）	●歌手で女優の笠置シヅ子死去（3月）●三代目三遊亭円之助死去（4月）●五代目三遊亭円楽が江東区東陽町に寄席「若竹」を設立、「大日本すみれ会」を「円楽党」に改称（4月）●東横劇場（もと東横ホール）が劇場老朽化を理由に閉場し、東横落語会が終了（6月）●コメディアンのたこ八郎が水死（7月）●「8時だョ！全員集合」が最終回（9月）●日航ジャンボ機墜落事故により乗員・乗客520名が死亡●「ビバリーヒルズ・コップ」

	1986（昭和61） 50歳	1987（昭和62） 51歳
	●サウジアラビア、イラン、リビアなど石油コンビナートで働く産業戦士を慰問。曰く、「アラブに油を売りに行く」●連載エッセイ「立川談志の江戸吉原艶笑噺」（「ナイタイレジャー」、〜1990年）●連載対談「談志のHOT対談」（「いんなあとりっぷ」、〜1989年）★『家元談志のオトコ対決十一番』（ABC出版）	●**国立劇場演芸場「談志ひとり会」第1回開催**●このころ、C型肝炎になる●アステアの死去に、一晩中映画を見て泣き明かす★『談志楽屋噺』（白夜書房）
	●志っ平（のちに廃業）、入門（1月）●景山民夫（八王子）、高平哲郎（高平）、Bコース入門（1月）●「たけしさんを紹介してください」といって辞めた「談かん」、「ダンカン」としてBコースへ入門（2月）●このころ、談志のすすめで春風亭栄橋がパーキンソン病治療のため戸塚ヨットスクールへ入校。「お前らもついでに治してもらってこい」との談志の一言で、談々、関西、談春、志らくが戸塚ヨットスクールに入校●団鬼六（鬼六）、Bコース入門（11月）	●**金魚家錦魚、真打ち昇進、「龍志」襲名（3月）**●**談幸、真打ち昇進（5月）**●内田春菊（於春の方）、Bコース入門（8月）●談之進（のちに廃業）、入門。のちに二つ目昇進後、「落語は来世の楽し
「台風クラブ」「バック・トゥ・ザ・フューチャー」公開	●物真似師、漫談家の木下華声死去（5月）●六代目笑福亭松鶴死去（9月）●ビートたけしと軍団11人が講談社「フライデー」編集部に深夜殴り込み（12月）●ソ連のチェルノブイリ原発で大事故●土井たか子が社会党委員長に就任	●三遊亭市馬死去（1月）●石原裕次郎死去（7月）●舞台芸人のトニー谷死去（7月）●国鉄が分割・民営化●アメリカの俳優ランドルフ・スコット

年・年齢	談志（★は本人著作）	落語立川流	演芸界・芸能界・世相・事件
1987（昭和62） 51歳		みにします」の名言を残し、「幸福の科学」へ本格的に入信	死去（3月）●アメリカの俳優・ダンサー・歌手のフレッド・アステアが死去（6月）●映画「ゆきゆきて、神軍」公開
1988（昭和63） 52歳	●連載対談「談志のエンドマークを斬れ」（「週刊サンケイ」、～1988年）●テレビ「トゥナイト」（テレビ朝日）出演（9月）	●丸茂ジュン、Bコース入門（1月）●談々改め「朝寝坊のらく」、関西改め「談坊」、談春、志らく、二つ目昇進（3月）●顧問・中村勘三郎死去（4月）●笑志（のちの生志）、入門（9月）●このころ、談生（のちに廃業）、入門●**藤志楼こと高田文夫、Bコース初の真打ち昇進（11月）**●志雲（のちの雲水）、入門（11月）	●俳優で演出家の宇野重吉死去（1月）●オペラ歌手の田谷力三死去（3月）●美空ひばりが東京ドームで不死鳥コンサート（4月）●コメディアンの東八郎死去（7月）●青函トンネル開通●東京ドーム完成●消費税法が自民党の強行採決により成立。翌年4月から3パーセントの消費税が導入される●実業家の土光敏夫死去（8月）●政治家の三木武夫死去（11月）
1989（平成元） 53歳	●テレビ「ダダダダッ！談志ダ！」（日本テレビ）レギュラー（～1990年）●テレビ「ダダダダッ！談志ダ！」	●顧問・手塚治虫死去（2月）●同・色川武大死去（4月）●このころ、「上納金を返してやってもい	●歌手の美空ひばり死去（6月）●作曲家の古関裕而死去（8月）

年	談志の出来事	立川流の出来事	世相
	トーク収録の際、長嶋茂雄元監督を2時間待たせる。曰く「あなたは天才だから怒らないでしょ?」●免田事件「やってねぇわけねぇ」発言	い」という談志の一言をめぐって、一部の弟子と談志の間に解釈の違いが発生。結果、一門全員が談志から叱責を受け、果ては立川流解散問題へと発展する。そこで、立川流の存在をアピールするため、「立川流落語会日本すみずみ出前寄席」を9万9800円で展開	●昭和天皇崩御。皇太子明仁親王が即位し年号が平成に●映画「ダイ・ハード」「ニュー・シネマ・パラダイス」公開
1990（平成2） 54歳	●本牧亭の閉場に際し「談志一門会」を開催（1月）●テレビ「本モノ!立川談志の落語」（EXテレビ）出演（5月）●テレビ「平成名物TVヨタロー」（TBS）出演（8月）●日本閣で行われた長女・弓子の挙式に出席★『談志楽屋噺』（文春文庫）	●志の輔、平成元年度の芸術祭賞を受賞（1月）●ポール牧（光掌）、Bコース入門。三遊亭楽太郎（のちの六代目円楽、Bコース高座名は談次郎）、Bコース入門（2月）●**志の輔、真打ち昇進（5月）**●キウイ、入門（12月）	●本牧亭が閉場（1月）●浪曲師の広沢瓢右衛門死去（2月）●喜劇役者、藤山寛美死去（5月）●バブル経済の崩壊が始まる●黒澤明が米アカデミー賞特別名誉賞を受賞
1991（平成3） 55歳	●湾岸戦争を見物（1月）●雲仙に慰問に行き暴言（6月）●テレビ「対談21世紀」（日本テレビ）で山藤章二と対談（1月）★ビデオ『立川談志 RAKUGOのすすめ』（ナイタイ出版）	●五味武（難民）、Bコース入門（2月）●志楼（のちの志遊）、入門（3月）●ワコール（のちの談慶）、入門（5月）●国士舘（のちの三遊亭全楽）、入門（6月）●日暮里サニーホールにて第1回「立	●五代目春風亭柳朝死去（2月）●漫才師の青空千夜死去（6月）●八代目雷門助六が死去（10月）●歌手の春日八郎が死去（10月）

年・年齢	談志（★は本人著作）	落語立川流	演芸界・芸能界・世相・事件
1991（平成3） 55歳		川流日暮里寄席」。月2回のペースで開催（11月）	●東京都新都庁舎が落成●ソビエト連邦が崩壊し、ロシアをはじめとした独立国家共同体に
1992（平成4） 56歳	●雑誌「えじゃないか」（アレックス情報出版）の編集長に就任（1月）●「シャークハンター必殺隊」を結成、瀬戸内海にサメ退治に行く（3月）●五代目桂文枝の襲名披露パーティーに出席（8月）●連載対談「編集長談志の家元対談」（「えじゃないか」）●連載対談「立川談志の正しい対談」（「週刊実話」、～1993年）●テレビ「談志を追う」（テレビ東京）出演●映画「落陽」（にっかつ）青空床屋役で出演★『世の中与太郎で、えじゃないか』（青春出版社）★『立川談志独り会』第一巻（三一書房）	●小談志、五代目鈴々舎馬風門下に移籍し、「四代目喜久亭寿楽」を襲名●顧問・稲葉修死去（8月）●なべおさみ（裏門）、Bコース入門（9月）**●平成改め「二代目快楽亭ブラック」、談之助、“邪道真打ち”昇進（9月）**	●歌手の近江俊郎死去（7月）●浪曲師・コメディアンの玉川良一死去（10月）●日本新党が発足●PKO協力法案成立●統一教会の合同結婚式が話題になる●日本人初の宇宙飛行士、毛利衛宇宙へ●長嶋茂雄が巨人軍の監督に就任●佐川急便献金事件で金丸議員が辞職●プエルトリコ出身の俳優ホセ・フェラーが死去（1月）
1993（平成5） 57歳	●テレビ「落語のピン」（フジテレビ）放映開始（4月）●ラジオ「談志・円鏡歌謡合戦」（ニッポン放送）が1週間限	●談生（のちの談笑）、入門（2月）●談々（のちに廃業、嵐丸として芸能活動後、芸能界引退）、入	●作曲家の服部良一死去（1月）●漫才師の瀬戸わんや死去（2月）●漫談師の西条凡児死

	定で復活（4月）●新宿末広亭で「立川流一門会」が昼夜開かれ、12年ぶりに末広亭の高座に上がる（5月）●「海と緑と立川談志」ツアー。ファンと屋久島へ●テレビ「驚きももの木20世紀『笑いの天才 友情物語』」（朝日放送）出演（9月）●三代目桂南光の真打披露興行で五代目柳家小さんと大喧嘩（11月）●テレビ「立川談志の芸能大全集」（NHK-BS2）出演（不定期）★『立川談志独り会』第二巻（三一書房）★『立川談志独り会』第三巻（三一書房）
	門（3月）●このころ、志の輔門下に孫弟子第1号「こあら」（のちに廃業）、入門（3月）。旅先の列車内で師匠の志の輔に起こされること数知れず●上田哲、Bコース入門（10月）●談吉（のちに廃業）、入門（10月）
	去（5月）●歌手の藤山一郎死去（8月） ●サッカーJリーグ開幕●皇太子ご成婚●細川連立内閣発足

1994（平成6） 58歳
●ビデオ『ひとり会落語ライブ'92・'93』（竹書房）ヒットを記念して「談志をほめる夕べ」が開かれる（2月）●練馬の自宅に泥棒が入る●独演会会場に向かう途中で道に迷い、志らくが五席つなぐ。独演会が親子会に●連載エッセイ「立川談志の仰天コラム」（『宝石』、～1998年）●連載コラム「映画辛口ノート」（『週刊現代』）●連載対談「立川談志も間違ってると思うけ
●Bコース藤田小女姫、死去（2月）●顧問・胡桃沢耕史、死去（3月）●志っ平（のちの桂前助、五代目柳家小蝠）、入門（5月）●志加吾（のちの雷門獅籠）、入門（6月）。その後、落語や一門、談志をネタにした漫画「風とマンダラ」を連載して人気を博すも、それがきっかけで破門となる●小談林（のちに廃業・マグナム小林と
●幇間芸人の悠玄亭玉介死去（5月）●八代目古今亭志ん馬死去（9月）●漫才師の海原お浜死去（9月）●作詞家・作曲家の三木鶏郎死去（10月） ●前年の冷夏により米不足が発生し、タイ米、中国米などの外国米を輸入

年・年齢	談志（★は本人著作）	落語立川流	演芸界・芸能界・世相・事件
1994（平成6） 58歳	ど」（「週刊宝石」、～1997年）★『酔人・田辺茂一伝』（講談社）★『立川談志独り会』第四巻（三一書房）	して活動、入門（9月）	
1995（平成7） 59歳	●**特別公演「談志五夜」（国立劇場演芸場）開催（3月）**。二日酔いで高座勤まらず、中村勘九郎、ビートたけしが助っ人で出演●国立劇場演芸場「談志ひとり会」、第100回を迎える●新潟県に「談志の田んぼ」を持つ（10月）。以来、田植え、稲刈り作業をほぼ毎年行う●連載エッセイ「だんしんぼ」（「バート」、～1996年）●映画「団鬼六 人妻蟻地獄」（ピンクパイナップル）出演★『立川談志独り会』第五巻（三一書房）★『新釈落語咄』（中央公論社）★ビデオ『DANSHI！』落語英訳字幕版（竹書房）★ビデオ『ひとり会落語ライブ'94・'95』（竹書房）	●ミッキー・カーチス（ミッキー亭カーチス）、Bコース入門（1月）●談修、入門（3月）●奥山侊伸（のちの侊志ん）、Bコース入門（5月）●**志らく、真打ち昇進（11月）**	●五代目柳家小さんが落語家として初めて重要無形文化財保持者（人間国宝）に認定される（5月）●橘流寄席文字家元で書家の橘右近死去（7月）●阪神・淡路大震災が発生。死者6000人を超える被害●オウム真理教による地下鉄サリン事件が発生●青島幸男東京都知事、横山ノック大阪府知事が誕生●オウム真理教の教祖、麻原彰晃こと松本智津夫逮捕

年			
1996（平成8） 60歳	●「スタンダップコメディー協会」設立（4月）●**「談志ひとり会」休演（1996年5月〜1997年3月）●還暦と芸歴45年を記念し、「談志祭り」を開催（有楽町マリオン朝日ホール、9月）**●連載トーク「立川談志の世界」（朝日新聞）●テレビCM「IBMアプティバ」出演●ラジオ「立川談志のオールナイトニッポン」（ニッポン放送）を一夜限りで放送（12月）★『眠れなくなるお伽噺』（ディーエイチシー）★『立川談志ひとり会 落語CD全集』第1期（竹書房）	●志らく門下・らく平（のちのこしら）、らく坊（のちに廃業）、らく丸（のちに廃業）、入門（5月）●志らく門下・らく吉（のちに廃業）、入門（6月）●高井研一郎（雄之助）、Bコース入門（7月）●談生（のちの談笑）、二つ目昇進（7月）●顧問・江崎真澄死去（12月）●志らく門下・こらく（のちに廃業）、入門（12月）	●歌手の三橋美智也死去（1月）●漫才師の横山やすし死去（1月）●漫才師の青空一夜死去（4月）●漫才師の松鶴家千代菊死去（4月）●三代目三遊亭円歌が落語協会会長に就任（8月）●O-157による集団食中毒が発生●薬害エイズ事件、法廷で責任追及●ペルー日本大使公邸人質事件●アメリカの俳優・ダンサーのジーン・ケリーが死去（2月）●フランスの映画監督ルネ・クレマンが死去（3月）
1997（平成9） 61歳	●ラジオ「新春特別番組 立川談志 司馬遼太郎を読む」（ニッポン放送、1月）●**特別公演「復活！談志ひとり会」（有楽町マリオン朝日ホール、3月）●食道がんを手術。記者会見で喫煙（9月）●芸能生活45周年・快**	●上野広小路亭にて第1回「立川流上野広小路寄席」。1日3部構成、月1回のペースで開催（1月）●笑志（のちの生志）、志雲（のちの雲水）、二つ目昇進（2月）●談大、志らく門下・志ら	●漫才師の中田ラケット死去（2月）●女優の杉村春子死去（4月）●俳優の勝新太郎死去（6月）●漫才師の内海好江死去（10月）

年・年齢	談志（★は本人著作）	落語立川流	演芸界・芸能界・世相・事件
1997（平成9） 61歳	**気祝パーティー（赤坂プリンスホテル、12月）**●連載エッセイ「新釈落語噺」（『中央公論』、～1999年）●連載エッセイ「談志百選」（『週刊現代』、～1999年）●ラジオ「平成話の泉」（NHK第一）出演●アニメ映画「ジャングル大帝 劇場版」（手塚プロ、松竹）ハム・エッグ役で声の出演★『談志受け咄』（三一書房）★『立川談志ひとり会 落語CD全集』第2期（竹書房）★CD『司馬遼太郎作「新選組血風録」を読む』全3巻（日本コロムビア）	ら、入門（5月）。●志の輔門下・志の吉、入門（9月）●**談春、真打ち昇進（9月）**●ブラック門下・ブラ房（のちの吉幸）、入門（10月）	●神戸で連続児童殺傷事件●東電OL殺人事件●香港がイギリスから中国に返還●ダイアナ元英皇太子妃、パリで事故死●金正日、朝鮮労働党の総書記に就任●長野新幹線開業●山一證券破綻●京都議定書採択●中国の鄧小平死去（2月）
1998（平成10） 62歳	●個展「談志の珍品コレクション展」（2月）●テレビ「感動エクスプレス 東京カルカッタ 立川談志の遺言状」（フジテレビ）出演（2月）●**喉頭がんの疑いで検査入院（白板症と診断）、筆談生活（3月）**●**食道がんの2度目の手術**●長野県飯田市で行われた「伊賀良寄席 第7回 立川談志独演会」で酒を飲み居眠りをしていた観客を退場さ	●Bコース景山民夫、死去（1月）●**ミッキー亭カーチス、Bコース真打ち昇進（1月）**●志らく門下・志ら乃、入門（5月）●志らく門下・らく朝、Bコース入門（4月）●談春門下・はる一、入門（6月）。入門の半年後、父親がリストラされ「遊んでいられないから」という理由で廃業●赤塚	●作曲家の渡久地政信死去（9月）●ものまね浪曲の前田勝之助死去（11月）●作曲家の吉田矢健治死去（11月）●映画評論家の淀川長治死去（11月）●初代森乃福郎死去（12月）●長野オリンピックが開催●フランスで開催されたサッカーワ

せる（12月）。のちに、この観客が主催者側に対して10万円の損害賠償請求を起こす●テレビ「談志&上岡 今夜はとことん美空ひばり」（NHK）出演（12月）★『ナムアミダブツ』（カッパ・ブックス）★『立川談志ひとり会 落語CD全集』第3期（竹書房）

不二夫（不二身）、Bコース入門（7月）●談号（のちの雷門幸福）、ドクター中松の研究所から入門（7月）●顧問・田村隆一、死去（8月）●**立川談坊、真打ちに昇進。「六代目立川文都」襲名（10月）●文志、Bコース色物真打ち昇進（10月）**●マルカス（談デリー）、Bコース入門（12月）●落語立川流15周年、根津権現にお礼参り

ールドカップに日本代表が初出場●北朝鮮で科学者のための通勤列車「主体号」が運行開始●北朝鮮、テポドン発射

1999（平成11）
63歳

●**糖尿病を患う**●石原都知事に「演芸資料館」設立を陳情●お気に入りの力士・舞の海の勝ち試合を集めたビデオを企画。『稀代の業師 舞の海』全2巻（竹書房）を発売。一緒にサイン会を開く●IT株で約1千万円だまされる●「野村沙知代はパンパン」発言（TBS「マダムンムン」）。曰く「俺が言ってるんじゃない、『噂の真相』にそう書いてあったんだ」●沖縄でカサゴに刺され病院送りとなる●国後島視察（8月）●連

●志らく門下、らく八（のちの志奄）、入門（4月）●談春門下・春太、入門（4月）。初高座を迎えるはずの当日、家の事情で廃業●談吉（のちの泉水亭錦魚）、入門（5月）●ブラック門下・ブラ談次（のちのフラ談次、談奈）、入門（7月）。当初は左談次に入門を希望していたが、「弟子は取らない」と断られ、その場に居合わせたブラックの門下に入門●志楼、二つ

●漫才コンビ「Wけんじ」の東けんじ死去（1月）●コメディアンで演出家の三木のり平死去（1月）●声帯模写の桜井長一郎死去（3月）●二代目桂枝雀死去（4月）●歌手の淡谷のり子死去（9月）●歌手の渡辺はま子死去（12月）

●全日空機ハイジャック、機長死亡●東海村の核燃料工場で国

年・年齢	談志（★は本人著作）	落語立川流	演芸界・芸能界・世相・事件
1999（平成11） 63歳	載「立川談志のよろずBEST10」（「笑芸人」）●テレビ「ニュースJAPAN」（フジテレビ）内コーナー「談志・ing Night」出演●テレビ「情熱大陸」（毎日放送、5月）●テレビ「ふたりのビッグショー」（NHK）上岡龍太郎と共演（6月）●テレビ「談志＆爆笑の芸能大全集」（NHK-BS2）出演（不定期）★『新釈落語噺 パート2』（中央公論新社）★『談志人生全集』全3巻（講談社）★『家元を笑わせろ』（DHC）★『新釈落語咄』（中公文庫）★CD『立川談志ひとり会 落語CD全集』第4期（竹書房）★CD『席亭立川談志のゆめの寄席』（竹書房）	目昇進、「志遊」に改名（11月）	内初の臨界事故●映画「ノッティングヒルの恋人」公開
2000（平成12） 64歳	**●「俺はあと2年で落語をやめる」と宣言●「談志ひとり会」を休演●**「立川企画」を辞め「談志役場」を設立（3月）●テレビ「真剣10代しゃべり場」（NHK教育）出演（7月）●長男	●上野広小路亭にて第1回「立川流夜席」。月1回のペースで開催（1月）●ブラック門下・ブラ汁（のちのらくB、そののちらく里）入門（2月）●志らく門下Bコース・ら	●柳家喬太郎が十二人抜きで真打ち昇進（3月）●カントリー歌手のジミー時田死去（3月）●女優、漫才師のミヤコ蝶々死去（10月）

の松岡慎太郎が結婚。初孫が生まれる(8月)●映画「週刊バビロン」(東映)出演★『食い物を粗末にするな』(講談社+α新書)★『談志百選』(山藤章二画、講談社)★『童謡咄』(くもん出版)★『談志ひとり会 文句と御託』(講談社)★『秘蔵版 談志喰い物咄』(講談社)★CD『立川談志ひとり会 落語CD全集』第5期(竹書房)★CD『談志が選んだ艶噺し』(全20巻、コロムビアミュージックエンタテインメント)

く朝、志らく門下Aコースへ入門(3月)●志らく門下、らく次、志らべ、入門(3月)●志の輔門下・志の八、入門(5月)●一門の多くが上納金を滞納している事実が発覚。うち、支払い不能の談々が破門となる。これをきっかけにして、その後、国士舘、志っ平が一門から去る(6月)●国士舘(のちの三遊亭全楽)、円楽門下へ。二つ目となり「三遊亭安楽」(9月)●奥山佻伸、「立川佻志ん」襲名●Bコースのメンバー整理を行う。残ったのは、毒蝮三太夫、高田文夫、立川文志、ビートたけし、山本晋也、上岡龍太郎、松岡悟、生原正久、横山ノック、ダンカン、団鬼六、内田春菊、ミッキー・カーチス、奥山佻伸、高井研一郎、赤塚不二夫、マルカスの17名(10月)●ワコール、二つ目昇進、「談慶」と改名(12月)

●雪印集団食中毒事件●有珠山・三宅島が噴火●世田谷一家殺害事件●政治家の竹下登が死去(6月)

年・年齢	談志（★は本人著作）	落語立川流	演芸界・芸能界・世相・事件
2001（平成13） 65歳	●「談志独演会 in 印度」ツアー（10月）●デヴィ夫人共演の番組をキャンセル●「日本職人名工会」初代会長に就任●ラジオ「立川談志 最後のラジオ」（文化放送）出演（～2002年）●テレビ「ETV2001 立川談志の古典落語学」全2回（NHK）出演（6月）●テレビ「世界わが心の旅 ベネズエラ 迷いつづけて、六十五歳。」（NHK-BS2）出演（10月）★CD『立川談志独演会 付き馬／子ほめ』『立川談志独演会 道灌／たぬき』（日本コロムビア）	●ブラック、平成12年度の芸術祭優秀賞を受賞（1月）●志っ平、十代目桂文治門下へ（前座名「前助」、のち「五代目柳家小福」）（2月）●ブラック門下・ブラッC（のちの三四楼）、初代林家木久蔵門下より入門（8月）	●四代目桂三木助死去（1月）●芸人で俳優のマルセ太郎死去（1月）●歌手の三波春夫死去（4月）●三代目古今亭志ん朝死去（10月）●小泉純一郎が第87代総理大臣に就任●国内で初めて狂牛病が発見される●アメリカで同時多発テロ●アメリカ、アフガン侵攻
2002（平成14） 66歳	●五代目柳家小さんの死に「師匠はいつも俺の心の中にいる」とコメント（5月）**●高座50周年記念全国公演「高座50周年、立川談志。」がスタート（9月）●立川談志高座50周年記念独演会&パーティー開催（京王プラザホテル、11月）**●テレビ「M-1グランプリ2002」（テレビ朝日）で審査員（12月）●アニメ映画「ぽの	●志らく門下・らく太（のちの志獅丸）、入門（5月）●野末陳平（陳志い改め「立川流野末陳平」）、Bコース入門（5月）●らく平改め「こしら」、志らら、二つ目昇進（5月）●談志門下前座6名（キウイ、志加吾、談修、談大、談号、談吉）、二つ目への昇進の意欲が見られないため破門（6月）●談吉	●曲芸家の海老一染太郎死去（2月）●五代目柳家小さん死去（5月）●初の日朝首脳会談。小泉首相と金総書記が会談し、拉致被害者5名が帰国●アメリカの脚本家・映画監督ビリー・ワイルダー死去（3月）

	ほの〜クモモの木のこと〜」(アミューズピクチャーズ)でアライグマくんのお父さん役で声の出演★『立川談志遺言大全集』1〜6・10〜14(講談社)★『新釈落語噺 その2』(中公文庫)★『大笑点 vol.1「北か朝鮮、待ってたホイ」の巻』『大笑点 vol.2「顔が偽証罪」の巻』(竹書房)★『立川談志プレミアム・ベスト 落語CD-BOX』(竹書房)	(のちの泉水亭錦魚)、立川流共有前座として「談一」となる(6月)●山本風吉(のちに廃業)、入門(8月)	
2003(平成15) 67歳	●「落語立川流20周年記念〈立川流真打の会〜家元に捧げる三夜〜〉」開催(東京芸術劇場小ホール、10月)●インターネット政党「老人党東京」を上田哲、西丸震哉と旗揚げ★『談志が死んだ』(立川談志+立川流一門、講談社)★『立川談志遺言大全集』7・8・9(講談社)★CD『アメリカ』(ULTRA DISCS、談志^{2} REVOLUTION名義)★DVD『立川談志 古典落語特選』第一集〜第五集(竹書房)	●「立川流夜席」を「立川流金曜夜席」と改める(1月)。月1回のペースで開催●談志、孫弟子二つ目昇進試験を行う。志の吉、志ら乃が合格(3月)●談春門下・はるく、入門(4月)●志の吉、志ら乃、二つ目昇進(5月)●談志、破門中前座の復帰試験を行う。談修が合格(5月)●談志、復帰試験の同日、孫弟子の二つ目昇進「再試験」を行う。合格者なし●吉川潮、顧問に就任(6月)	●五代目春風亭柳昇死去(6月)●漫才師の夢路いとし死去(9月)●アジアを中心に新種の肺炎(SARS)が集団発生して警戒される●自由党と民主党が合併

年・年齢	談志（★は本人著作）	落語立川流	演芸界・芸能界・世相・事件
2003（平成15） 67歳		●談修、復帰（6月）●談生、「六代目立川談笑」を襲名（8月）●復帰試験不合格の志加吾と談号、雷門小福門下へ（「獅籠」「幸福」となる）●談修、二つ目昇進（10月）●**「落語立川流20周年記念〈立川流真打の会〜家元に捧げる三夜〜〉」開催（東京芸術劇場小ホール、10月）**	
2004（平成16） 68歳	●「元祖歌謡声帯模写 白山雅一・成人式〜この歌声を永遠に〜」（有楽町朝日ホール）にゲスト出演（2月）●「第7回東西落語研鑽会」（よみうりホール）にゲスト出演（3月）●「第10回寄席山藤亭〈談志系宇宙〉」（紀伊國屋ホール）に出演（4月）●「談志ごのみの芸人大全Vol. 1」（よみうりホール）開催。爆笑問題・テツandトモ・おぎやはぎ・アンジャッシュら出演●「スローフード・薬膳との出会い〜養生の郷構想へ向けて〜」に出席	●らく朝、二つ目昇進（4月）●談幸門下・松幸（のちの幸之進）、入門（7月）●談一（のちの泉水亭錦魚）改名し「千弗」（7月）	●歌手でスチールギター奏者の和田弘死去（1月）●いかりや長介死去（3月）●漫才師のコロムビア・トップ死去（6月）●漫才師のリーガル天才死去（12月）●自衛隊イラク派遣●鳥インフルエンザ騒動が起こる●イラクで日本人人質事件が起こる

(9月)●テレビ「談志・陣平の言いたい放だい」(東京MXテレビ)レギュラー(〜2008年)●映画「理由」(アスミック・エースエンタテインメント)、室井辰雄役で出演★CD『国会』(ULTRA DISCS、談志^{2}REVOLUTION名義)★CD『立川談志「談志百席」古典落語CD-BOX』第一期(竹書房)★CD『司馬遼太郎作「新選組血風録」を読む』(コロムビアミュージックエンタテインメント)★カセット『談志が選んだ艶噺し』その1・その2、各10巻(ヴイワン)

2005(平成17)
69歳

●「第11回寄席山藤亭〈立川談志、昭和の名人を演じる〉」(紀伊國屋ホール)に出演(4月)●ラジオ『おとなの時間割「談志の遺言」』(TBSラジオ)出演(〜2007年)●ラジオ「新・話の泉」(NHKラジオ第一)出演(〜2010年)★『DVD寄席 談志独り占め』(講談社)★CD『立川

●平林、入門(3月)●**談慶、真打ち昇進(4月)**●快楽亭ブラック、借金を理由に自主退会(7月)●ブラ談次(のちの談奈)、左談次門下となり「フラ談次」に改名(8月)●ブラッC、談四楼門下となり「三四楼」に改名(8月)●ブラ房、談幸門下となり

●四代目桂文紅死去(3月)●五代目桂文枝死去(3月)●コメディアンのポール牧が飛び降り自殺(4月)●漫才コンビ「Wけんじ」の宮城けんじ死去(10月)●三笑亭夢楽死去(10月)●コメディアンのショパン猪狩死去(11月)

年・年齢	談志（★は本人著作）	落語立川流	演芸界・芸能界・世相・事件
2005（平成17） 69歳	談志「談志百席」古典落語CD-BOX』第二期・第三期（竹書房）	「吉幸」に改名（8月）●ブラ汁（のちらく里）、志らく門下となり、「らくB」に改名（8月）●**談笑、真打ち昇進（10月）**	●JR福知山線脱線事故発生●耐震偽装問題が発覚●ハリウッドの映画監督、ロバート・ワイズ死去（9月）
2006（平成18） 70歳	●**「談志・志の輔親子会『夢一夜』」開催。**チケットがネットオークションで10万を超える値がつく●爆笑問題主催の「タイタンライブ」（時事通信ホール）にゲスト出演（12月）●テレビ「情熱大陸」（毎日放送）出演（6月）●テレビ「ワンダフル東北 立川談志がゆく昭和歌謡の旅」（NHK）に出演（6月）★『談志絶唱 昭和の歌謡曲（うた）』（大和書房）★CD『立川談志「談志百席」古典落語CD-BOX』第四期・第五期（竹書房）	●談春門下・こはる、入門（3月）●志らく門下・らく兵、入門（8月）	●三代目三遊亭円右死去（3月）●鈴々舎馬風が落語協会会長に就任（6月）●講談師の六代目神田伯龍死去（11月）●タレント、作家、政治家の青島幸男死去（12月）●イラクから陸上自衛隊撤収●イラクのフセイン元大統領処刑
2007（平成19） 71歳	●名古屋・ミッドランドホールで、のちに「初めて落語の奥義を覚えた」と語る『鉄拐』を演じる（3月）●サイバー大学（福岡県福岡市）の客員教授に就任●**よみうりホールでのちに伝**	●談春門下・春太、入門（4月）●キウイ、吉幸、千弗改め「泉水亭錦魚」、フラ談次改め「談奈」、らくB改め「らく里」、志らべ、らく次、平林の8人が二つ目昇進	●俳優、コメディアン、歌手植木等死去（3月）●コメディアンで政治家の横山ノック死去（5月）

説となる高座『芝浜』を演じる（12月）●ラジオ「立川談志・太田光 今夜はふたりで」（TBSラジオ）出演（〜2008年）★『談志絶倒 昭和落語家伝』（大和書房）★DVD『笑う超人 立川談志×太田光』（ビクターエンタテインメント）★DVD『立川談志 ひとり会 落語ライブ'92〜'93 DVD-BOX』（竹書房）★DVD『立川談志 ひとり会 第二期落語ライブ'94〜'95 DVD-BOX』

（7月）

●長崎市長が射殺される●「消えた年金」問題●ミートホープの牛肉偽装が発覚●アメリカの女優・歌手のベティ・ハットンが死去（3月）

2008（平成20）
72歳

●「立川談志 談春親子会」（歌舞伎座）開催（6月）●『談志絶倒 昭和落語家伝』（大和書房）で『サライ大賞』（BOOK部門）受賞（10月）●テレビ「立川談志 きょうはまるごと10時間」（NHK-BSハイビジョン）放映。司会は爆笑問題（3月）●映画「歓喜の歌」（シネカノン、立川志の輔原作）小野寺役で出演★『談志映画噺』（朝日新書）★『人生、成り行き』（新潮社）★DVD『立川談志 談春 親子会

●談吉、入門（3月）●立川笑志改め「生志」、真打ち昇進（4月）●顧問・川内康範死去（4月）●談春門下・春樹、入門（5月）

●四代目喜久亭寿楽（もと立川小談志）死去（8月）●漫才師のリーガル秀才死去（10月）●歌手のフランク永井死去（10月）●作曲家の遠藤実死去（12月）●秋葉原無差別殺傷事件が起こり7人が死亡●アメリカのリーマン・ブラザーズが倒産。「リーマン・ショック」で世界同時

年・年齢	談志（★は本人著作）	落語立川流	演芸界・芸能界・世相・事件
2008（平成20） 72歳	in 歌舞伎座』（竹書房）★DVD『立川談志 ひとり会'92〜'98「初蔵出し」プレミアム・ベストDVD-BOX』（竹書房）★DVD『立川談志「落語のピン」セレクションDVD-BOX』Vol.壱（ポニーキャニオン）		不況に●アメリカの俳優で映画監督のポール・ニューマン死去（9月）
2009（平成21） 73歳	●テレビ「プレミアム8〈人物〉100年インタビュー 立川談志」（NHK）出演（4月）●「桂枝雀生誕70周年記念落語会」で名古屋入りした前夜、事務所に対して「引退」という言葉を初めて口にする●「J亭談笑落語会」（JTアートホールアフィニス）にゲスト出演。休養前の最後の高座となり、長期休養を発表（8月）●「立川流一門会」（前進座劇場）。がんで闘病中の文都が出演するため、談志は入院中の病室から会場入りしサプライズ出演。談志が文都に会った最後となる（9月）●文都追悼公演が行われた「習志野寄席」（習志野文化ホール）にサプ	●志の八、二つ目昇進（2月）●**志遊、真打ち昇進（6月）●文都、死去（10月）●志雲改め「雲水」、真打ち昇進（12月）**	●コメディアンの前田隣死去（2月）●元歌手の小野巡死去（6月）●俳優の山城新伍死去（8月）●五代目三遊亭円楽死去（10月）●俳優でコメディアンの森繁久彌死去（11月）●作詞家の丘灯至夫死去（11月）●アメリカ・オバマ大統領就任●新型インフルエンザが流行●衆院選で民主党が圧勝。政権交代

2009（平成21） 73歳	2010（平成22） 74歳
ライズ出演（11月）★『談志 最後の落語論』（梧桐書院）★『談志の落語』一・二（静山社文庫）★DVD『立川談志「落語のピン」セレクションDVD-BOX』Vol.弐・参（ポニーキャニオン）	●糖尿病などの治療のため入院（1月～2月）●「六代目三遊亭円楽襲名披露パーティー」に出席（3月）●「三派連合落語サミット」（新宿末広亭）に顔を出す（3月）●「立川流日暮里寄席」（日暮里サニーホール）の高座に突然登場（4月）●**『談志 最後の落語論』新宿本店購入者限定「立川流落語会」で公演復帰（4月）**●「立川談志一門会」（よみうりホール）で『落語チャンチャカチャン』と『へっつい幽霊』を演じる（11月）●「談志Talk&Movie」（よみうりホール）に登場。『落語チャンチャカチャン』『権兵衛狸』『芝浜』を口演（12月）●連載「立川談志の時事放談 いや、はや、
	●三四楼、二つ目昇進（2月）●談顧問・小室直樹死去（9月）●談笑門下・吉笑、入門（11月）●**談大、死去（11月）**
	●春風亭栄橋死去（1月）●三遊亭楽太郎、六代目三遊亭円楽を襲名（3月）●十代目柳家小三治、落語協会会長に就任（6月）●漫才師のコロムビア・ライトが死去（10月） ●日本航空が破綻●尖閣諸島沖で中国船が海上保安庁巡視船と衝突

年・年齢	談志（★は本人著作）	落語立川流	演芸界・芸能界・世相・事件
2010（平成22） 74歳	ドーモ」（「週刊現代」、～2011年）★『談志 最後の根多帳』（梧桐書院）★『世間はやかん』（春秋社）★『談志の落語』三・四・五・六（静山社文庫）★『落語CDムック立川談志』1（竹書房）★『人生、成り行き』（新潮文庫）★DVD『談志大全（上）DVD-BOX 立川談志 古典落語ライブ 2001～2007』（竹書房）		
2011（平成23） 75歳	●紀伊國屋ホールで行われた「立川談志の会」で『首提灯』『落語チャンチャカチャン』を演じる（1月）●自らの「落語論」を語りつくす「談志の遺言」（「談志市場」コンテンツ）の撮影。最後の撮り下ろしとなる**●「立川談志一門会」（川崎市麻生文化センター）での『蜘蛛駕籠』が最後の高座となる（3月）●喉頭がんで緊急入院。翌日、家族の前で『蜘蛛駕籠』を演じたのち、気管切開の手術。声を失う（3月）**●未公開映像を主とした談	●志の春、二つ目昇進（1月）●志らく門下・がじら、入門（2月）●志らく門下・らく人、入門（4月）●松幸改め「幸之進」、二つ目昇進（4月）●談吉、二つ目昇進（6月）●談笑門下・笑二、入門（6月）**●立川キウイ、真打ち昇進（7月）**●談四楼門下・寸志、入門（8月）	●ロカビリー歌手の山下敬二郎死去（1月）●漫才師・喜味こいし死去（1月）●コメディアンの坂上二郎死去（3月）●タレントの前田武彦死去（8月）●俳優の長門裕之死去（5月）●東日本大震災が起こる。2万人近くが犠牲に●米軍、ビン・ラディンを殺害●アメリカの女優、エリザベス・テイラー死去（3月）●リビアのカダフィ死

志オリジナルコンテンツを配信するクラウド型コンテンツショップ「談志市場」オープン（4月）●銀座のバー「美弥」で直弟子18人と面会（8月）●意識を失う（10月）●11月21日永眠。戒名は生前自ら考えた「立川雲黒斎家元勝手居士」●11月23日家族のみで密葬●12月21日ホテルニューオータニで「お別れの会」★『落語CDムック 立川談志』2・3（竹書房）★『談志の落語』七・八・九（静山社文庫）★『GOTO DVD BOOK 談志が帰ってきた夜』（梧桐書院）★CD『公式追悼盤 家元自薦ベスト』（キントトレコード）★DVD『幻の名人落語 立川談志』（メディアパル）★CD『落語決定盤 立川談志ベスト』（日本コロムビア）

去（10月）●北朝鮮の金正日総書記が死去（12月）

2012（平成24）

★『談志 名跡問答』（共著、扶桑社）★『遺稿』（絵・山藤章二、講談社）★『立川談志メモリアル・セレクション 落語DVDムック「大工調べ」「三軒長屋」』

●らく八改め「志奄」、らく太改め「志獅丸」、らく兵、吉笑、二つ目昇進（4月）●こはる、春太改め「春吾」二つ目昇進（6月）●家元

●歌手の青葉笙子が死去（2月）●雷門小福が死去（4月）●金正恩が北朝鮮、朝鮮労働党

年・年齢	談志（★は本人著作）	落語立川流	演芸界・芸能界・世相・事件
2012（平成24）	（竹書房）★『立川談志メモリアル・セレクション 落語DVDムック「短命」「品川心中」』（竹書房）★DVD『情熱大陸×立川談志 プレミアム・エディション』（ポニーキャニオン）★CD『笑点音頭』（キングレコード）★『昭和の名人 大トリ 五代目立川談志』（CDつきマガジン、小学館）★『立川談志自伝 狂気ありて』（亜紀書房）	制度、上納金制度を廃止。新代表には総領弟子の里う馬が就任し、左談次、談四楼、談幸、志の輔、志らく、雲水が理事に就任、合議制で運営することに（6月）	の第一書記に●東京スカイツリー開業

インタビュー
父・立川談志

松岡慎太郎

――談志師匠が「まだ子供のころのウチの倅が落語家っていうのは「するってぇと何かい?」っていう人だよね、と言ったのでウケた」とお書きになっていますが、それについてご自身に記憶はありますか。

そのフレーズは覚えてます。それはあくまでも私が子供時代、落語家に対して持っていた印象の一部というか。もちろんそれがすべてではないですけどね。「ただ、するってぇと何かい?」というのが自分の中のひとつのイメージとして強く残っていたんです。それを父が妙にウケた。よく高座でも「落語家なんぞ、ウチの倅に言わせりゃ……」と言ってましたね。

――父親が落語家だということをはっきり意識したのはいつ頃ですか?

幼稚園ぐらいからわかってはいました。ただ、有名かどうかというのは、意識としてはあんまりなかったですね。それこそ当時（昭和四十年代の終わり頃）だと、ドリフターズみたいにテレビにバンバン出ていたわけではないですから。周りの友達なんかも意外と知らなかったですね。父に有名人の話をして「この人知ってる？」って聞いたら「俺が知っているんじゃなくて、向こうが俺を知ってるんだ」という言い方をしてました。後々その意味はわかりました。

小学生までは、父について何か言われることは、ほとんどなかったですけど、中学に行くと「おめぇんち、漫才師だろう」みたいなことを言う奴がいた。でも、それは、もう、しょうがない。もちろん嫌だった時もありましたけど、そういう親だからこそ普通の人が体験できないこともいっぱいありましたから。よかったか嫌だったかと言われたら、よかったことのほうが多かったと思ってます。

――自伝の中では基本的にお子さんの行動に対して肯定的な感じがしますが、お子さんの立場から見るとどうでしたか。

まず学校行事には一回も出たことがないです。若い頃は意外と、普通のお父さん的なこともやってはいました。でも、そんなに無理は言わないし、成績についても「真ん中へんだったら別にいいよ」という言い方をしてました。私は中学受験をしたんですけど、試験の前の晩に「受験っていうのは落とすためにやるんだからな」って。落とすためにやるんだから、落ちても気にすんなと。それは父なりの逆説的なエールですよね。変にプレッシャーをかけずに、という。姉をひどく叱った話は自伝の中でも書いていますが、要はディスコに行って帰ってこなかったぐらいのことで、別に暴走族に入ってたわけでもないし、シンナーやってたわけでもない。今思えばたいしたことはないんだけど、まあ当時は時代も違うし、親としては心配ですからね。

――「落語家になってみるか?」と言われたことは。

それは本当になかったですね。落語家になるかならないかということでは、むしろ「俺みたいになれないんだから、やめといたほうがいいよ」と言ってました。ある程度のところまで行く自信がないんだったらやらないほうがいいと。もし、やってたらそれはそれで喜んだのかもしれないなという思いはありますけど、でも私がやらなかったからすごく残念がっていたとか、それはなかったと思います。

――自伝の中には、ご家族で旅行されている写真が何点か収録されていますが、国内・海外も含めてご家族でのご旅行というのは多かったですか。

ハワイに行ったりヨーロッパにも行ったし、国内もいろいろ行きました。まあ半分は仕事と一緒になって付いていったりとか。まあ、多いほうですかね。でも正直、行きたいところに行けないし気も使うし。自分が若い頃は多少「面倒くさいな」という気持ちはありました。皆さんそうだと思いますけど。ただ父は、家族に対して、とても「親切」でしたね。自分も今、家族がいて子どももいますけど、自分なんかよりよっぽどまめというか親切というか。

――高座やマスコミに登場するときのシャイさや逆説的な発言とは違って、自伝の中では、ご家族に対してすごくストレートに愛情表現をなさっていて。そこには屈託はなく、虚飾もない書き方をされてますね。

たとえば学校行事とか儀式のようなものに参加するとかそういうものはないんだけど、家族に対する本人の気持ちは割と素直というか。家族にとってはちょっと煙たい時もありましたけど、父からするとみんな一緒にいたら嬉しかったんでしょうね。

――ご家族についてもそうですが、高座でお弟子さんについてほめる時もストレートな印象はあるのですが。

たとえそう思っても「いや、まだまだだ」とか「もっと修行しなきゃ駄目だ。努力が足りない」とか、ふつうの師匠は言いますよね。父はもともと小さん師匠とか森繁久彌さんとか、そういう上の人の胸に飛び込んでいくことがすごく上手だったですから、逆説も含めてだけど、ほめ上手の部分もすごくありました。でも弟子をほめて「いいよいいよ」って言うようになったのはけっこう晩年です。それまではそんなになかったんじゃないかな。若い頃は、弟子に対して家でも、「駄目だ駄目だ。なんで頑張らないんだ。なんでやんないんだろうな」みたいなことはよく言ってました。ほめるようになったのは、後半というか晩年です。ただ、ほめる時にはストレートにほめる。「俺がいいって言ってんだから。俺がいいって言ってるところに価値があるんだ」みたいにね。

――落語以外のことについてもご自身の「いい」と思うものをすすめられました?

自分が評価してるものについてはミュージカルでも、昭和歌謡とかカントリー・ウエスタンでも「これ、いいぞ、いいぞ！」と、よく言ってました。その時は「？」と思いましたけど、今になると、「ああ、やっぱり素晴らしいものだったなぁ」というものはいっぱいありますし、いろいろ教えてもらってよかったなとは思います。

自分が小学生ぐらいの頃は、両親も三十代後半から四〇ぐらいだから、親もまだ遊びたいわけです。それで私も夜、六本木とか銀座とかを連れ回されたことがあります。六本木のライヴハウスとかに行くと、父は私をそこに置いて「向こうの店に誰々がいるらしい。行ってくるからちょっとお前、ここで待ってろ」と。ライヴハウスのカウンターの隅っこでコーラ飲みながら一時間とか二時間とか待たされて。そこのバーテンさんが話し相手になってくれるんですけどね。その間に父はどこかに行って帰ってくるんだけど、私は待っているうちに眠くなって寝てしまう、そんなこともありました。当時はカントリーとかディキシーランドジャズとか聴かされて退屈だったけど、父の晩年には私もすごく好きになりました。

「巨人軍のベンチの中に連れてってやる」と言われて、連れて行ってもらったこともありました。王監督の頃かな、ベンチの隅っこのほうに座って写真を撮ってもらいました。今思うと、すごい人に会わせてもらってますね。「誰々に会わせてやるから連れてってやる」というのは多かった。基本的には「親切」だから弟子に対しても「お前に、この人が稽古を付けたという歴史をつくってやる」と言ったりしました。そういう部分の「親切」はすごくありましたね。

家族や弟子以外の友人にもそうでした。昔、キラー・カンさんというプロレスラーが何年か、アメリカに行くことになった。キラー・カンさんは三橋美智也さんが大好きで、父は「よし、じゃあ三橋美智也に会わせてやる」と。三橋さんの家にキラー・カンさんを連れて行って会わせてました。そういうおせっかいとまでは言わないけど……。「どうだ、すげえだろう」という感じでした（笑）。

ずいぶん前の話ですが、山下達郎さんのコンサートは人気が高くてチケットが取りにくいので、父に話したことがあるんです。即座に「おお、取れる、簡単だ」って。でも、結果、取れなかった。そしたら自分の名刺に「うちの倅です。入れてやってください」と書いて「これ持って行って来い」と（笑）。でもそれは行きにくい。行って受付でこれを渡したら、「少々お待ちください」と言われて、責任者みたいな人が出てきて「どちら様ですか?」と、そういうやりとりになるに決まってる。もちろん行きませんでした（笑）。「親切」ではあるんですがねえ……。本人は「俺を知らねぇ奴はいない」と思ってますから（笑）。でも今、思うと達郎さんも落語が大好きな方なので、もしかすると入れてくれたかもしれない（笑）。

——以前のインタビュー（CDブック『東横落語会　立川談志』二〇一五年　小学館　収録）で慎太

郎さんは、「家でもどこでも「松岡克由」という完全なプライベートな人ではなく、常に「立川談志」でした」とお話しになってますが。

そうですね。さっきお話ししたように、家族に対してはすごいストレートな愛情をもって可愛がってはくれてるし、「家では優しいお父さんでした」という言い方もできるんだけど、言ってることもほとんど高座と変わらない。だから「どんなお父さんですか?」と聞かれると「皆さんがイメージしてる通りです」と答えるしかない。

「コラァーッ!」って怒鳴る時も、何だか芸になってる(笑)。リズムがあって、口調がいい。あるところに一緒にクレームを付けに行ったことがあったんですが、最初はちょっと泣き節でホロッとさせて「こんな気持ちでこうこうで、ささやかな幸せの中で何とかしようと思ってたのに、それを踏みにじったのはお前だ!」と「大工調べ」の棟梁のようなテンポで怒るんです(笑)。

晩年ですけど海外に行って、レストランで、私がビデオカメラを立ててたらそれを店員がバーンと倒して、水がかかったんです。でもそこの店員は、へらへら笑ってるだけ。その時は私が先にキレちゃって、日本語で「日本人なめんじゃねぇよ、この野郎!」ってやっちゃったんですよ。結局、マネージャーが飛んで来て「すみません、弁償します」となって矛を収めたんですが、ふっと父を見たら、すごくさみしそうな顔をしてました(笑)。「なんだ、俺がやろうと思ったのに」という感じでね。

——二〇〇〇年に「談志役場」という会社を設立されて、慎太郎さんがマネージャーという立場になられるわけですが。

最初、そんな気は全然なくて。その前に所属していた事務所（立川企画）を父がやめるって言う、「やめてどうするの？」って聞いたら、「ひとりでやる」と言うんです。「電話受けて、いついつ来てくださいって言うのを、手帳で確認して、空いてりゃ、そこに行って、あとでギャラ振り込んでもらったらいいんだろ？」って（笑）。まあ、そりゃそうなんだけど、まず向こうは、直接ってやりづらいし、「お弁当はいくつ用意したら？」とか「電車の時間どうしますか？」とかそういう細かいのがたくさんあるじゃないですか。当時、自分は何もしていなかったので、それなら電話番ぐらいやろうか？と、最初はそんな感じだったんです。仕事を受けて「じゃあ、いついつでお願いします。ちょっと本人に確認します」みたいなことをやっていました。

一年ぐらい経って、「談志役場」という会社にしました。結果的には一〇年ぐらい一緒に仕事できてよかったし、たぶん本人も喜んでくれたかなとは思います。

——お二人でやるようになって、その翌年に志ん朝師匠が亡くなって、さらにその翌年に小さん師匠が亡くなった。慎太郎さんはその時期の師匠を一番間近で、仕事も含めて見ておられたわけですが。

こんな言い方は語弊があるかもしれませんけど、全然変わらなかったですね。すごく落ち込んだとかそういうことはないように見えました。こっちにしてみれば、志ん朝師匠や小さん師匠が亡くなるというのは、えらいことじゃないですか。電話はジャンジャンかかってくるし。そこで「どうする？」って言っても「コメントしないから」って言うんです。志ん朝師匠の時は、「何か言ってくれないとマスコミも納得いかないだろうから、一言ぐらい言ってよ」って言ったら「惜しい人を故人にした」というコメントを出しました。志ん朝師匠のことは後に、これも逆説ですけど「いい時に死んだよ」って言ってました。でも亡くなった当日には、割と平然としてました。むしろ周りの人のほうが「どう思ってるんだろう」とか「ショックなんじゃないか」とかいろいろ想像されてたと思いますけど、あんまり気持ちを表に出さなかった。小さん師匠の時も早々に「俺は葬式行かないよ」と明言してました。

——ご自身もその少し前からお身体を悪くされていましたよね。

一九九七年に食道がんの手術をして、記者会見でわざとタバコを吸ったりして。九八年は喉頭がんの疑いで検査したら、白板症という診断でした。同時期に食道がんの二度目の手術をしました。その翌年からは糖尿病と診断されて。最後は喉頭がんでしたが、晩年は何だかんだと食道がんから始まって。体調の波はかなりありました。

――二〇〇八年六月二八日の談春さんとの親子会のドキュメント映像の中で、師匠が楽屋から出ていく前にすごく自分を鼓舞するように、力を振り絞っているシーンがありますが。

あの時は体調が悪かったですからね。本当に高座を務められるのかどうか、という感じだったんです。自分の出番が終わったあとも普通だったら談春さんのトリネタを見て打ち上げまで出るんですけど、さすがにあの時は途中で帰ってしまいました。

――二〇〇四年三月二七日の町田市民ホールでは「居残り佐平次」があり、二〇〇七年十二月一八日、よみうりホールでの「芝浜」があったり、評論家の方は「二〇〇〇年代の談志はすごい」と言う。晩年の充実期ということもあるけど実際、体調にはかなり波があったと。

ただ体調が良いからいい芸ができるというものでもなくて。町田の時もちょっと怒って帰ろうとしたり、二〇〇七年の「芝浜」の時も、一席目の高座はあまり良くないんですよ。だから本当に読めない。本人は、その頃「声が出ないのが駄目だ」と言ってました。声質がどうであれ、談志がやればそれはそれでひとつの芸になるんじゃないか。私はそう思っていたし、周りの人もそういうふうに言ってたんですけど、本人は「やっぱり声に力がないと、面白いことを言っても面白くならないんだよ」と言ってました。

特に二〇一〇年四月一三日、糖尿病から復帰した時の、紀伊國屋ホールでの復帰会見の落語会が本人としては納得できる出来ではなくて、復帰会見なのに引退会見みたいになっちゃって。それでまたしばらく「俺はもう落語はやらない」と言ってました。でも、その年の秋、「情熱大陸」のイベント（東京・大阪で開催された「らくご×情熱大陸」。二〇一〇年九月五日、東京公演の千秋楽にACTシアターで爆笑問題と競演したスペシャル落語会）で落語を演った。もう声も出なくなりかけてたけど、声が出ないなりに何かやり方があるんじゃないかと逆に模索し始めて、その年の暮れも声がカサカサだったんですけど「芝浜」を演りました。その頃にお医者さんから余命宣告ではないんですけど、良くないですよ、と家族は聞かされてました。一度「駄目だ」と自分で言ったんだけど、むしろ体調がもっと悪くなった時に、また模索し始めて。結果的には最後まで落語と向き合った人生でした。

――最後になりますが、デビュー作の『現代落語論』から始まり、今回文庫化した三部作（『談志　最後の落語論』『談志　最後の根多帳』『立川談志自伝　狂気ありて』）も含めて談志師匠は「語り」をおこすのではなく、ご自身で執筆された著作が非常に多い。この三部作の前にも講談社から十四巻の著作全集も出されている。「書く」ということにもこれだけ取り組まれた落語家は他にはいらっしゃらないと思うのですが。

まず、書くのが速い。たとえばこっちがうっかりしてて「すみません、明日締め切りなんだけど、原稿用紙一〇枚、これこれについて書いて下さい」って言うと「ああ、わかった」と。電話を切って三〇分から一時間ぐらいすると「できたから」って。原稿以外にも何か思いついたこととかをメモしたり、日記をつけたり。喋るのと同じぐらい書くことも好きでした。「作家が原稿用紙丸めてポイッと捨てるけど、俺はそういうのはない。一枚も無駄にしない」とも言ってました。途中で間違えても「あ、待てよ。今まで書いたことはもしかしたら違うのか。ってことは、こういうことなのか」って書き続けちゃいますから。それでちゃんと話を真ん中に戻すんです。書くのも喋るのも基本は同じだったと思います。失敗してもそれをうまくプラスに持っていく。リカバリーしてしまう。こっちにこう逸れたらそれをうまくこういうふうに戻して、芸というか味にしてしまう。よく「人生成り行き」って言ってましたけど、確かにそんなに先のことまで考えてないんですよ。考えてないけどバランス感覚が優れてるし、あとから見るとひとつの作品になってます。長い目で見れば立川流を創設したのも、「伝統を現代に」という言葉もそうです。その時思いついて、ふっと行動する。そんなに先のことを考えず、言ったり、創ったりしたものが後になってみると「あの当時、これをやったのはすごいことだな」と肯定されるような、そういう凄さがありましたね。

書く時にはあまり調べないですからね。記憶力は本当によかったので、「この部分とこの部分は年代とかそっちで調べといてくれ」とか「この歌の歌詞を調べといてくれ」というような仕事を頼まれたことは一度もないです。この自伝を書くときも、「あれ何年だっけ?」「あの時はどこに行ったっけ?」とか、そういうことを聞くことはなかったです。小さい間違いはあるけど、ほとんどが本人の頭の中にありました。間違いは良くないですけど、調べながらじゃなくて、自分の頭の中にあるものを自分の語りのリズムにのせて書いたものなので、作品としての力があるのだと思います。

(二〇一八年十一月十五日　上野池之端　東天紅にて　聞き手・編集部)

写真撮影・提供（口絵と本文）
橘蓮二　阿久津知宏　dZERO
松岡弓子　談志役場

本書では、差別表現として、今日では好ましくないとされる用語を使用しています。しかし、古典落語という演芸の価値や性質、著者の独自性を鑑み、削除や訂正は行いませんでした。（編集部）

JASRAC 出一八一四六九一―八〇一

単行本版ことわり書き
＊落語立川流家元・立川談志師匠は、二〇一一年十一月二十一日、永眠されました。この作品は、二〇〇九年八月～二〇一〇年九月に執筆され、ご遺族の校訂を経て刊行の運びとなりました。談志師匠のご冥福を心よりお祈り申し上げます。（編集部）

＊本書は二〇一二年八月、株式会社亜紀書房より刊行された。

立川談志自伝　狂気ありて

二〇一九年二月十日　第一刷発行

著者　立川談志（たてかわ・だんし）

発行者　喜入冬子

発行所　株式会社　筑摩書房

東京都台東区蔵前二―五―三　〒一一一―八七五五

電話番号　〇三―五六八七―二六〇一（代表）

装幀者　安野光雅

印刷所　凸版印刷株式会社

製本所　凸版印刷株式会社

ISBN978-4-480-43571-2　C0176

ちくま文庫